MEMÓRIAS DA PLANTAÇÃO

GRADA KILOMBA

MEMÓRIAS DA PLANTAÇÃO
Episódios de racismo cotidiano

Tradução
Jess Oliveira

Cobogó

SUMÁRIO

Agradecimentos 9
Carta da autora à edição brasileira 11

INTRODUÇÃO 27
Tornando-se *Sujeito*

1. A MÁSCARA 33
Colonialismo, Memória, Trauma e Descolonização

2. QUEM PODE FALAR? 47
Falando no Centro, Descolonizando o Conhecimento

3. DIZENDO O INDIZÍVEL 71
Definindo o Racismo

4. RACISMO GENDERIZADO 93
"(...) Você gostaria de limpar nossa casa?" – Conectando "raça" e gênero

5. POLÍTICAS ESPACIAIS 111
1. "De onde você vem?" – Sendo colocada fora da nação 111
2. "(...) Mas você não pode ser alemã" – Fantasias coloniais e isolamento 115
3. "(...) Querem ouvir uma história exótica" – Voyeurismo e o prazer da Outridade 118

6. POLÍTICAS DO CABELO 121
4. "(...) As pessoas costumavam tocar meu cabelo!" – *Invadindo* o corpo *negro* 121
5. "Com licença, como você lava seu cabelo?" – Fantasias sobre sujeira e domesticação colonial 123
6. "(...) Eu e meu cabelo natural" – Cabelo, mulheres *negras* e consciência política 125
7. "Ele cheirou meu cabelo e fez essa associação... com macacos" – Fantasias selvagens *brancas*, amor e a Vênus *negra* 128

7. POLÍTICAS SEXUAIS   133

8. "*Wer hat Angst vor dem schwarzen Mann?*" – O Complexo de Édipo, matando o homem *negro* e seduzindo e mulher *negra*   133

9. "(...) Como se nós fôssemos pegar seus homens ou suas crianças" – Fantasias sobre a prostituta negra *vs.* sobre a "mãe *negra*"   140

10. "Eu era [competição] para ela, porque eu era *negra*, como sua criança" – Mulheres *negras*, crianças *negras*, mães *brancas*   143

8. POLÍTICAS DA PELE   145

11. "Bom, mas para mim você não é *negra!*" – Fobia racial e recompensa   145

12. "Meus pais adotivos usavam a palavra *N*. o tempo todo. Para mim eles usavam a palavra *M*...." – Racismo dentro da família   147

13. "Eu não queria ser vista como uma *N*., como elas eram – deturpação e identificação   152

9. A PALAVRA *N*. E O TRAUMA   155

14. "Que *N*. linda!" – A palavra *N*. e o trauma   155

15. "Que pele linda... Eu também quero ser uma *N*. ...!" – Inveja e desejo pelo *sujeito negro*   158

16. "Você sente essa dor nos seus dedos" – A dor indizível do racismo   160

17. "Todo mundo é diferente (...) E isso torna o mundo maravilhoso..." – O teatro do racismo e sua triangulação   163

10. SEGREGAÇÃO E CONTÁGIO RACIAL   167

18. "*Brancas/os* de um lado, *negras/os* do outro" – Segregação racial e fantasias brancas de contágio racial   167

19. "O bairro onde eu estava morando era *branco*" – Atravessando as fronteiras e hostilidade   169

11. PERFORMANDO *NEGRITUDE* 173

20. "Se eu fosse a única estudante *negra* na sala, eu tinha, de certa forma, de representar o que aquilo significava" – Performando perfeição e representando a "raça" 173

21. "Mas de onde vêm seus avós e seus bisavós?" – Vindo para a Alemanha 178

22. "Estrangeiras/os aqui têm a vida mais fácil do que presidiárias/os" – Confissões racistas e agressão 181

12. SUICÍDIO 187

23. "Minha mãe cometeu suicídio (...) Eu acho que ela estava muito solitária em nossa cidade" – Racismo, isolamento e suicídio 187

24. "As grandes mães da 'raça' *negra*" – A "mulher *negra* superforte" e o sofrimento silencioso 191

13. CURA E TRANSFORMAÇÃO 197

25. "Aquelas bonecas, você as vê se você for a casas grandes no Sul" – Objetos colonias e a transformação dos espaços 197

26. "Eu tive de ler muito, aprender, estudar (...) Encontrar outras pessoas *negras*" – Descolonizando o eu e o processo de desalienação 202

27. "Pessoas *negras* me cumprimentavam na rua..." – Reunindo os fragmentos do colonialismo 205

28. "(...) *Sistah*, ele disse" – Mama África e reparação traumática 209

14. DESCOLONIZANDO O EU 213

Referências bibliográficas 239

AGRADECIMENTOS

Agradeço profundamente

A *Alicia* e *Kathleen* – nomes fictícios – que compartilharam suas histórias muito pessoais, memórias, alegrias e injúrias comigo na forma de entrevistas, fazendo este livro possível.

A *todos os meus alunos e a todas as minhas alunas*, que todas as quartas-feiras me entusiasmaram com suas perguntas, observações e pensamentos brilhantes, bem como com sua dedicação e comprometimento.

A *Irmingard Stauble*, minha primeira mentora, por sua sabedoria, gentileza e inspiração, bem como por seus esforços incansáveis para me motivar a escrever e a concluir este livro.

A *Paul Mecheril*, meu segundo mentor, por seu conhecimento, humor e revelações sagazes.

A *Katharina Oguntoye*, por seu sorriso constante, encorajamento e políticas.

A *Ursula Wachendorfer*, por suas ideias emocionantes, sensibilidade e discussões.

A *Amy Evans*, minha querida amiga, que me inspira há muito tempo, por seus belos escritos, sua dedicação e apoio amoroso.

A *Anne Springer*, minha psicanalista, que cuida da minha vida emocional, feridas, raiva e decepções, me dando as ferramentas para usá-las como um recurso para recriar uma existência feliz.

A *Fábio Maia*, meu babalorixá, que cuida da minha vida espiritual, nutrindo minha alma, meus antepassados e meus Orixás com cuidado, sabedoria e amor.

A *Oxalá* ou *Obatalá*, meu primeiro Orixá, por me mostrar como usar sua serenidade, paz, clareza e sabedoria como orientação na minha vida e trabalho.

A *Yemanjá*, minha segunda Orixá, por me mostrar como usar seu amor e sua assertividade como ferramentas criativas.

A *Oxóssi*, meu Orixá Odú, por me mostrar como capturar meus sonhos com determinação e crença, como uma caçadora.

A *Oya*, minha Orixá de devoção, por me mostrar como usar sua força para lutar pela igualdade e pelo respeito.

E a *minha família*: *meu pai* que, com muito amor, sempre me dizia para me tornar uma mulher *negra* independente e digna. E minha *mãe*, que me mostrou o que significa ser essa mulher. A minha avó, *Vó*, meus irmãos, *Zé*, *Pedro* e *Gonçalo*, e às minhas irmãs, *Patrícia* e *Júlia*. E, claro, ao pequeno *André*, ao pequeno *Keziah* e ao pequeno *Noah*.

CARTA DA AUTORA À EDIÇÃO BRASILEIRA

Lancei este livro há precisamente dez anos, em Berlim, onde vivo ainda hoje. Naquela altura, tive a sorte ou o destino de ganhar uma das bolsas mais honrosas do governo alemão, para um doutoramento. Isto pouco depois de concluir os meus estudos em Lisboa, onde, ao longo de vários anos, em grande isolamento, fui a única estudante *negra* em todo o departamento de psicologia clínica e psicanálise. Nos hospitais onde trabalhei, durante e após os meus estudos, era comum ser confundida com a *senhora da limpeza*, e por vezes os *pacientes* recusavam-se a ser vistos por mim ou a entrar na mesma sala e ficar a sós comigo. Deixei Lisboa, a cidade onde nasci e cresci, com um imenso alívio.

Não havia nada mais urgente para mim do que sair, para poder aprender uma nova linguagem. Um novo vocabulário, no qual eu pudesse finalmente encontrar-me. No qual eu pudesse ser *eu*.

Cheguei a Berlim, onde a história colonial alemã e a ditadura imperial fascista também deixaram marcas inimagináveis. E, no entanto, pareceu-me haver uma pequena diferença: enquanto eu vinha de um lugar de *negação*, ou até mesmo de *glorificação* da história colonial, estava agora num outro lugar onde a história provocava *culpa*, ou até mesmo *vergonha*. Este percurso de consciencialização coletiva, que começa com *negação – culpa – vergonha – reconhecimento – reparação*, não é de forma alguma um percurso moral, mas um percurso de responsabilização. A responsabilidade de criar novas configurações de poder e de conhecimento.

Essa pequena mas grande diferença era com certeza a razão pela qual fui encontrar em Berlim uma forte corrente de *intelectuais negras* que haviam transformado radicalmente o pensamento e o vocabulário contemporâneo global, durante várias décadas. Esta era a cidade onde Audre Lorde vivera durante os seus últimos anos; onde Angela Davis aparecia em público regularmente; e onde May Ayim escrevera seus livros e poemas, sem esquecer W.E.B. du Bois, que estudou e ensinou em Berlim, nos anos de 1890. E assim comecei o meu doutoramento, rodeada de espíritos benévolos e transformadores, que deixaram uma riqueza linguística e uma marca intelectual *negra*, que eu consumia entusiasticamente.

Escrevi este livro em inglês, dia e noite, enquanto vivia sozinha em Berlim, absorvida em livros que nunca tinha visto ou lido antes, acompanhada por uma série de grupos organizados de mulheres *negras*, feministas e LGBTTQIA+ que revelavam uma politização absolutamente admirável. Parece-me que nunca aprendi tanto em tão pouco tempo. Foi nessa altura que passei a dar aulas em duas universidades simultaneamente, na Universidade Humboldt e na Universidade Livre, com os meus primeiros seminários dedicados às obras de bell hooks e Frantz Fanon – uma trajetória que me parecia impensável, tanto em Lisboa como em São Paulo, Luanda ou Salvador da Bahia, para uma jovem mulher *negra*, que sempre viveu no anonimato.

Plantation Memories é precisamente o meu doutoramento. Terminei-o com a mais alta (e rara) distinção académica, a *summa cum laude*. E escrevo isto não necessariamente por vaidade, mas muito mais para lembrar da importância de um percurso de consciencialização coletiva – pois uma sociedade que vive na *negação*, ou até mesmo na *glorificação* da história colonial, não permite que novas linguagens sejam criadas. Nem permite que seja a responsabilização, e não a moral, a criar novas configurações de poder e de conhecimento. Só quando se reconfiguram as estruturas de poder é que as *muitas* identidades marginalizadas podem também, finalmente, reconfigurar a noção de conhecimento: Quem sabe? Quem pode saber? Saber o quê? E o saber de quem? Para mim, como disse, não havia nada mais urgente do que sair, para poder aprender uma nova linguagem. Um novo vocabulário, no qual eu pudesse finalmente encontrar-me. No qual eu pudesse ser *eu*. E foi neste livro que encontrei a minha primeira e nova linguagem.

O livro foi lançado no Festival Internacional de Literatura, em Berlim, no final de 2008, e a partir daí começou um itinerário de vários anos que eu nunca imaginaria: Londres, Oslo, Viena, Amsterdam, Bruxelas, Roma e Estocolmo, passando por Acra, Lagos, Joanesburgo, São Paulo e Salvador, entre muitas outras cidades. Foram precisos dez anos para chegar a Portugal e ao Brasil (onde é publicado simultaneamente) e à sua tradução na língua portuguesa. Foi um caminho longo. E, no entanto, eu sei que não poderia ter chegado antes – nem este nem tantos outros livros –, pois os comuns gloriosos e românticos discursos do passado colonial, com os seus fortes acentos patriarcais, não o permitiram. Mas chega bem a tempo.

Este livro é muito pessoal; escrevi-o para entender quem eu sou. E sinto-me profundamente feliz, grata, confesso até extasiada, quando penso nas tantas pessoas que finalmente o podem ler, numa língua (e linguagem) na qual se podem também entender e encontrar.

Escrevo esta Introdução, inexistente na versão original inglesa, precisamente por causa da língua: por um lado, porque me parece obrigatório esclarecer o significado de uma série de terminologias que, quando escritas em português, revelam uma profunda falta de reflexão e teorização da história e herança coloniais e patriarcais, tão presentes na língua portuguesa; por outro lado, porque tenho de dizer que esta tradução é maravilhosamente elaborada, pois traduz um livro inteiro apesar da ausência de termos que noutras línguas, como a inglesa ou alemã, já foram criticamente desmontados ou mesmo reinventados num novo vocabulário, mas que na língua portuguesa continuam ancorados a um discurso colonial e patriarcal, tornando-se extremamente problemáticos.

Assim, as notas de rodapé que comecei por escrever para a versão portuguesa, por revelarem o meu posicionamento como autora e por ajudarem à leitura e à reflexão da própria língua portuguesa, acabaram por ser introduzidas no próprio texto – e explicadas no glossário que se segue, por ordem cronológica de ocorrência.

Não posso deixar de escrever um último parágrafo, para lembrar que a língua, por mais poética que possa ser, tem também uma dimensão política de criar, fixar e perpetuar relações de poder e de violência, pois cada palavra que usamos define o lugar de uma identidade. No fundo, através das suas terminologias, a língua informa-nos constantemente de quem é *normal* e de quem é que pode representar a *verdadeira condição humana.*

sujeito

No original inglês, o termo *subject* não tem gênero. No entanto, a sua tradução corrente em português é reduzida ao gênero masculino – *o sujeito* –, sem permitir variações no gênero feminino – *a sujeita* – ou nos vários gêneros LGBTTQIA+ – *xs sujeitxs* –, que seriam identificadas como erros ortográficos. É importante compreender o que significa uma identidade não existir na sua própria língua, escrita ou falada, ou ser identificada como um erro. Isto revela a problemática das relações de poder e violência na língua portuguesa, e a urgência de se encontrarem novas terminologias. Por esta razão, opto por escrever este termo em itálico: *sujeito*.

objeto

Object, assim como *subject*, é um termo que não tem gênero na língua inglesa. No entanto, a sua tradução corrente em português é também reduzida ao gênero masculino – *o objeto* –, sem permitir variações no gênero feminino – *a objecta* – ou nos vários gêneros LGBTTQIA+ – *xs objetxs* –, expondo, mais uma vez, a problemática das relações de poder e violência na língua portuguesa, e a urgência de se encontrarem novas terminologias. Além disso, parece-me importante lembrar que o termo *object* vem do discurso pós-colonial, sendo também usado nos discursos feministas e *queer* para expor a objetificação dessas identidades numa relação de poder. Isto é, identidades que são retiradas da sua subjetividade e reduzidas a uma existência de *objeto*, que é descrito e representado pelo dominante. Reduzir o termo à sua forma masculina revela uma dupla dimensão de poder e violência. Por ambas as razões, opto por escrever este termo em itálico: *objeto*.

"Outra/o"

Other é um termo neutro em inglês, ausente de gênero. A sua tradução em português permite variar entre dois gêneros – a/o outra/o. Embora seja parcialmente satisfatório, pois inclui o gênero feminino e põe-no em primeiro lugar, não deixa de o reduzir à dicotomia feminino/masculino, menina/menino, não permitindo estendê-lo a vários gêneros LGBTTQIA+ – *xs Outrxs* –, expondo, mais uma vez, a problemática das relações de poder e a violência na língua portuguesa. Por estas razões, opto por escrever o termo em itálico e entre aspas: "*Outra/o*".

negra/o

Black, em inglês, é um termo que deriva do movimento de consciencialização, para se distanciar radicalmente das terminologias coloniais correntes até os anos 1960, como *the Negro* ou *N-word*. Comumente, este termo é escrito com um B maiúsculo, *Black*, para sublinhar o fato de que não se trata de uma cor, mas de uma identidade política. A letra maiúscula também tem uma segunda função, a de revelar que este não é um termo atribuído por outros em poder, mas um termo de autodefinição, com uma história de resistência e de luta pela igualdade, afastando-se assim duplamente da nomenclatura colonial.

Este trabalho de desconstrução linguística foi também feito na língua alemã em inúmeras publicações desde os anos 1980, em que N. é abreviado, a fim de não reproduzir uma linguagem colonial, e *Schwarz* (*Black*, em inglês) é escrito com letra maiúscula para revelar o seu estatuto de autodefinição. Em português, no entanto, deparamos com um imenso dilema teórico, pois o termo *Black* é traduzido para *negra/o*, e embora este seja usado como um termo político na língua portuguesa, está invariavelmente ancorado na terminologia colonial e, por isso, intimamente ligado a uma história de violência e desumanização.

Como poderão ler no Capítulo 9, este termo deriva da palavra latina para a cor preta, *niger*. Mas, logo após o início da expansão marítima (na língua portuguesa ainda vulgarmente chamada de "Descobrimentos" – ora, não se descobre um continente onde vivem milhões de pessoas), a palavra passou a ser um termo usado nas relações de poder entre a Europa e a África e aplicada aos Africanos para definir o seu lugar de subordinação e inferioridade. Em português, no entanto, essa diferenciação parece não ter sido feita, pois, embora esteja intimamente ligado à história colonial, *negra/o* tem sido usado como o único termo "correto". Para problematizar esse termo de origem colonial, opto por escrevê-lo em itálico e em letra minúscula: *negra/o*.

17

p.

Por outro lado, em inglês e alemão usam-se as abreviaturas *N-word* e *N.*, respectivamente, a fim de não se reproduzir a violência e o trauma que a palavra implica. Esse termo é traduzido para a língua portuguesa por *p.* (*preta/o*), que é historicamente o mais comum e violento termo de insulto dirigido a uma pessoa. Tragicamente, na língua portuguesa, o termo *p.* é usado arbitrariamente no dia a dia: ora como insulto direto, ora como forma indireta de inferiorização e objetificação – *as/ os p.* Mas o termo, mais do que isso, está intimamente ligado à história das políticas de insulto e ao racismo diário na língua portuguesa. Por essas razões, para me afastar dessa terminologia racista, assim como para não reproduzir a imensa violência e o trauma que o termo envolve, opto por escrevê-lo em itálico, abreviado e em letra minúscula: *p.*

No texto a utilização das abreviaturas *N.* e *M.* em letra maiúscula é deliberada sempre que se trata de citar as mulheres entrevistadas e de analisar as entrevistas, pois trata-se de um trabalho de desmontagem da língua colonial, que ao mesmo tempo representa resistência. A abreviatura *p.* é utilizada quando cito textos de outros autores.

m. (*mestiça/o*), *m.* (*mulata/o*), *c.* (*cabrita/o*)

Na língua portuguesa, nos deparamos quase com a ausência de um termo que não esteja nem ancorado à terminologia colonial (*negra/o*) nem à linguagem racista comum (*p.*) ou a uma nomenclatura animal. Quanto a esta, confrontamo-nos com uma longa lista de termos, frequentemente usados ainda hoje na língua portuguesa, que têm a função de afirmar a inferioridade de uma identidade através da condição animal. São termos que foram criados durante os projetos europeus de escravatura e colonização, intimamente ligados às suas políticas de controle da reprodução e proibição do "cruzamento de raças", reduzindo as "novas identidades" a uma nomenclatura animal, isto é, à condição de animal irracional, impuro.

Estes termos de nomenclatura animal foram altamente romantizados durante o período de colonização, em particular na língua portuguesa, onde são ainda usados com um certo orgulho. Esta romantização é uma forma comum da narrativa colonial, que transforma as relações de poder e abuso sexual, muitas vezes praticadas contra a mulher *negra*, em gloriosas conquistas sexuais, que resultam num novo corpo exótico, e ainda mais desejável. Além disso, esses termos criam uma hierarquização dentro da *negritude*, que serve à construção da *branquitude* como a condição humana ideal – acima dos seres animalizados, impuras formas da humanidade. Os termos mais comuns são: *m. (mestiça/o)*, palavra que tem sua origem na reprodução canina, para definir o cruzamento de duas raças diferentes, que dá origem a uma cadela ou um cão rafeira/o, isto é, um animal considerado impuro e inferior; *m. (mulata/o)*, palavra originalmente usada para definir o cruzamento entre um cavalo e uma mula, isto é, entre duas espécies animais diferentes, que dá origem a um terceiro animal, considerado impuro e inferior; *c. (cabrita/o)*, palavra comumente usada para definir as pessoas de pele mais clara, quase próximas da *branquitude*, sublinhando porém a sua *negritude*, e definindo-as como animais.

O que é particular a toda essa terminologia é o fato de estar ancorada num histórico colonial de atribuição de uma identidade à condição animal. Por essas razões, opto por escrevê-la em itálico e abreviada: *m.*, *m.*, *c.*

escravizada/o

Na minha escrita, uso o termo "escravizada/o", e não *escrava/o*, porque "escravizada/o" descreve um processo político ativo de desumanização, enquanto *escrava/o* descreve o estado de desumanização como a identidade natural das pessoas que foram escravizadas. No entanto, o termo aparece por vezes de forma figurativa; nesses casos, opto por escrevê-lo em itálico: *escrava/o*.

subalterna

O termo inglês *subaltern* não tem gênero. No entanto, o título do importante trabalho de Gayatri C. Spivak, *Can the Subaltern Speak?*, é comumente traduzido na língua portuguesa para *Pode o subalterno falar?*, adotando o gênero masculino. Tendo em conta que Spivak é uma mulher, teórica, filósofa e crítica de gênero da Índia que tem feito uma das contribuições mais importantes para o pensamento global, revolucionado os movimentos feministas com a sua escrita. A redução do seu mais importante termo, *Subaltern*, ao gênero masculino na língua portuguesa é duplamente problemática. Por isso, opto por escrever o termo na sua forma feminina: subalterna.

.

Parece-me que não há nada mais urgente do que começarmos a criar uma nova linguagem. Um vocabulário no qual nos possamos todas/xs/os encontrar, na condição humana.

Com um abraço,

Grada Kilomba

Berlim, 23 de janeiro de 2019

Para Kiluanji, Kianda e Moses.

101

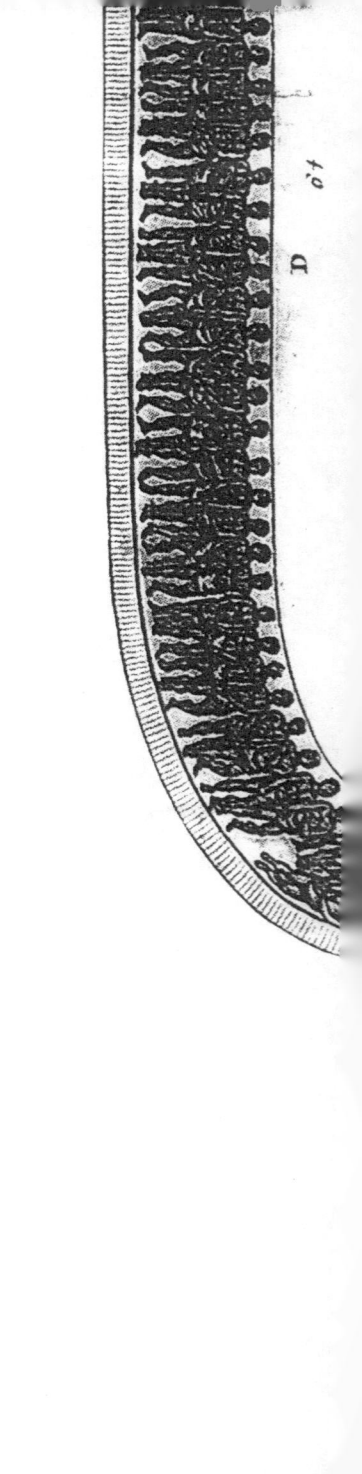

D

Em memória de Nossas e Nossos Ancestrais.

INTRODUÇÃO
TORNANDO-SE *SUJEITO*

> Por que escrevo?
> Porque eu tenho de
> Porque minha voz,
> em todos seus dialetos,
> tem sido calada por muito tempo
> JACOB SAM-LA ROSE[1]

Este é um dos meus poemas favoritos. Eu o li mais de mil vezes, de novo e de novo. E cada vez que o leio, parece que toda minha história está resumida nele. *Esses* cinco versos curtos evocam de modo bastante habilidoso uma longa história de silêncio imposto. Uma história de vozes torturadas, línguas rompidas, idiomas impostos, discursos impedidos e dos muitos lugares que não podíamos entrar, tampouco permanecer para falar com nossas vozes. Tudo isso parece estar escrito lá. Ao mesmo tempo, este *não* é apenas um poema sobre a perda contínua causada pelo colonialismo. É também um poema sobre resistência, sobre uma fome coletiva de ganhar a voz, escrever e recuperar nossa *história escondida*. É por isso que gosto tanto dele.

A ideia de que se *tem* de escrever, quase como uma obrigação moral, incorpora a crença de que a história pode "ser interrompida, apropriada e transformada através da prática artística e literária" (hooks, 1990, p. 152). Escrever este livro foi, de fato, uma forma de transformar, pois aqui eu não sou a "Outra", mas sim eu própria. Não sou o *objeto*, mas o *sujeito*.

---

1. Jacob Sam-La Rose, Poetry, *Sable: the Literature Magazine for Writers*, Winter 2002, p. 60.

Eu sou quem descreve minha própria história, e não quem é descrita. Escrever, portanto, emerge como um ato político. O poema ilustra o ato da escrita como um ato de *tornar-se*[2] e, enquanto escrevo, eu me torno a narradora e a escritora da minha própria realidade, a autora e a autoridade na minha própria história. Nesse sentido, eu me torno a oposição absoluta do que o projeto colonial predeterminou.

bell hooks usa estes dois conceitos de *"sujeito"* e *"objeto"* argumentando que *sujeitos* são aqueles que "têm o direito de definir suas próprias realidades, estabelecer suas próprias identidades, de nomear suas histórias" (hooks, 1989, p. 42). Como *objetos*, no entanto, nossa realidade é definida por outros, nossas identidades são criadas por outros, e nossa "história designada somente de maneiras que definem (nossa) relação com aqueles que são *sujeitos*." (hooks, 1989, p. 42). Essa passagem de *objeto* a *sujeito* é o que marca a escrita como um ato político. Além disso, escrever é um ato de descolonização no qual quem escreve se opõe a posições coloniais tornando-se a/o escritora/escritor "validada/o" e "legitimada/o e, ao reinventar a si mesma/o, nomeia uma realidade que fora nomeada erroneamente ou sequer fora nomeada. Este livro representa esse desejo duplo: o de se opor àquele lugar de "Outridade" e o de inventar a nós mesmos de (modo) novo. Oposição e reinvenção tornam-se então dois processos complementares, pois a oposição por si só não basta. Não se pode simplesmente se opor ao racismo, já que no espaço vazio, após alguém ter se

---

2. O conceito de "tornar-se" tem sido usado pelos Estudos Culturais e Pós-Coloniais para elaborar a relação entre o eu e a/o *"Outra/o"*.

oposto e resistido, "ainda há a necessidade de tornar-se – de fazer-se (de) novo". (hooks, 1990, p. 15) Em outras palavras, ainda há a necessidade de *tornar-mo-nos* sujeitos.

Este livro pode ser entendido como uma forma de "tornar-me *sujeito*" porque nesses escritos procuro exprimir a realidade psicológica do racismo cotidiano como me foi dito por mulheres *negras*, baseada em nossos relatos subjetivos, autopercepções e narrativas biográficas – na forma de episódios. Aqui, *nós* estamos falando "em nosso próprio nome" (Hall, 1990, p. 222) e sobre *nossa* própria realidade, a partir de nossa perspectiva que tem, como no último verso do poema, sido *calada por muito tempo*. Esse verso descreve como o processo de escrever é tanto uma questão relativa ao passado quanto ao presente, e é por isso que começo este livro lembrando do passado a fim de entender o presente, e crio um diálogo constante entre ambos, já que o racismo cotidiano incorpora uma cronologia que é atemporal.

Memórias da Plantação[3] examina a atemporalidade do racismo cotidiano. A combinação dessas duas palavras, "*plantação*" e "memórias", descreve o racismo cotidiano não apenas como a reencenação de um passado colonial, mas também como uma realidade traumática, que tem sido negligenciada.

---

3. N. da T. A *Plantation*, plantação em português, foi um sistema de exploração colonial utilizado entre os séculos XV e XIX, principalmente nas colônias europeias nas Américas, que consistia em quatro características principais: grandes latifúndios, monocultura, trabalho escravizado e exportação para a metrópole. Esse sistema criava ainda uma estrutura social de dominação centrada na figura do proprietário do latifúndio, o senhor, que controlava tudo e todas/os ao seu redor.

É um choque violento que de repente coloca o *sujeito negro* em uma cena colonial na qual, como no cenário de uma *plantação*, ele é aprisionado como a/o *"Outra/o"* subordinado e exótico. De repente, o passado vem a coincidir com o presente, e o presente é vivenciado como se o *sujeito negro* estivesse naquele passado agonizante, como o título do livro anuncia.

O Capítulo 1, *A Máscara: Colonialismo, Memória, Trauma e Descolonização*, começa com a descrição de um instrumento colonial, a máscara, como um símbolo das políticas coloniais e de medidas *brancas* sádicas para silenciar a voz do *sujeito negro* durante a escravização: Por que a boca do *sujeito negro* deve ser amarrada? E o que o *sujeito branco* teria de ouvir? Esse capítulo aborda não apenas questões relacionadas à memória, ao trauma e à fala, mas também à construção da *negritude* como "Outra".

O Capítulo 2, *Quem Pode Falar?: Falando no Centro, Descolonizando o Conhecimento*, discute questões similares no contexto acadêmico ou de erudição, em geral: Quem pode falar? Quem pode produzir conhecimento? E o conhecimento de quem é reconhecido como tal? Neste capítulo, examino o colonialismo na academia e a descolonização do conhecimento. Em outras palavras, estou preocupada aqui com a autoridade racial e com a produção de conhecimento: O que acontece quando nós falamos no centro?

O Capítulo 3, *Dizendo o Indizível: Definindo o Racismo*. Como se deveria falar sobre o que tem sido silenciado? Aqui, começo analisando o déficit teórico acerca do racismo e do racismo cotidiano e examino o que para mim é a metodologia adequada para falar sobre a realidade experienciada do racismo cotidiano de acordo com relatos de duas mulheres da Diáspora Africana: Alicia, uma mulher afro-alemã, e Kathleen, uma mulher afro-estadunidense que vive na Alemanha. Ambas narram suas experiências de racismo cotidiano a partir de suas biografias pessoais.

O Capítulo 4, *Racismo Genderizado: "(...) Você Gostaria de Limpar Nossa Casa?" – Conectando "Raça" e Gênero*, é uma abordagem genderizada do racismo. Aqui, examino a interseção entre "raça" e gênero, bem como o fracasso do feminismo ocidental de se aproximar da realidade de mulheres *negras* no tocante ao racismo genderizado. Ademais, apresento os objetivos do feminismo *negro*.

Os capítulos seguintes constituem o verdadeiro centro deste trabalho. Aqui, as entrevistas com Alicia e Kathleen são analisadas em detalhe na forma de episódios e divididas nos seguintes capítulos: Capítulo 5: *Políticas Espaciais*; Capítulo 6: *Políticas do Cabelo*; Capítulo 7: *Políticas Sexuais*; Capítulo 8: *Políticas da Pele*; Capítulo 9: *A palavra N. e o Trauma*; Capítulo 10: *Segregação e Contágio Racial*; Capítulo 11: *Performando Negritude*; capítulo 12: *Suicídio*; Capítulo 13: *Cura e Transformação*.

O livro conclui com o Capítulo 14, *Descolonizando o Eu*, no qual reviso e teorizo os tópicos mais importantes que vieram à tona neste livro, e também como possíveis estratégias de descolonização.

1. A MÁSCARA
COLONIALISMO, MEMÓRIA, TRAUMA E DESCOLONIZAÇÃO

Há uma máscara da qual eu ouvi falar muitas vezes durante minha infância. A máscara que *Anastácia* era obrigada a usar. Os vários relatos e descrições minuciosas pareciam me advertir que aqueles não eram meramente fatos do passado, mas memórias vivas enterradas em nossa psique, prontas para serem contadas. Hoje quero recontá-las. Quero falar sobre a *máscara do silenciamento*. Tal máscara foi uma peça muito concreta, um instrumento real que se tornou parte do projeto colonial europeu por mais de trezentos anos. Ela era composta por um pedaço de metal colocado no interior da boca do *sujeito negro*, instalado entre a língua e o maxilar e fixado por detrás da cabeça por duas cordas, uma em torno do queixo e a outra em torno do nariz e da testa. Oficialmente, a máscara era usada pelos senhores *brancos* para evitar que africanas/os escravizadas/os comessem cana-de-açúcar ou cacau enquanto trabalhavam nas plantações, mas sua principal função era implementar um senso de mudez e de medo, visto que a boca era um lugar de silenciamento e de tortura. Neste sentido, a máscara representa o colonialismo como um todo. Ela simboliza políticas sádicas de conquista e dominação e seus regimes brutais de silenciamento das/os chamadas/os "Outras/os": Quem pode falar? O que acontece quando falamos? E sobre o que podemos falar?

A Boca

A boca é um órgão muito especial. Ela simboliza a fala e a enunciação. No âmbito do racismo, a boca se torna o órgão da opressão por excelência, representando o que as/

os *brancas/os* querem – e precisam – controlar e, consequentemente o órgão que, historicamente, tem sido severamente censurado.

Nesse cenário específico, a boca também é uma metáfora para a posse. Fantasia-se que o *sujeito negro* quer possuir algo que pertence ao senhor *branco*: os frutos, a cana-de-açúcar e os grãos de cacau. Ela ou ele querem *comê-los*, devorá-los, desapropriando assim o senhor de seus bens. Embora a plantação e seus frutos, de fato, pertençam "moralmente" à/ao colonizada/o, o colonizador interpreta esse fato perversamente, invertendo-o numa narrativa que lê tal fato como roubo. "Estamos levando o que é Delas/es" torna-se "Elas/es estão tomando o que é Nosso." Estamos lidando aqui com um processo de *negação*, no qual o senhor nega seu projeto de colonização e o impõe à/ao colonizada/o. É justamente esse momento – no qual o *sujeito* afirma algo sobre a/o "*Outra/o*" que se recusa a reconhecer em si próprio – que caracteriza o mecanismo de defesa do ego.

No racismo, a negação é usada para manter e legitimar estruturas violentas de exclusão racial: "Elas/es querem tomar o que é Nosso, por isso Elas/es têm de ser controladas/os." A informação original e elementar – "Estamos tomando o que é Delas/es" – é negada e projetada sobre a/o "*Outra/o*" – "elas/eles estão tomando o que é Nosso" –, o *sujeito negro* torna-se então aquilo a que o *sujeito branco* não quer ser relacionado. Enquanto o *sujeito negro* se transforma em inimigo intrusivo, o branco torna-se a vítima compassiva, ou seja, o opressor torna-se oprimido e o oprimido, o tirano. Esse fato é baseado em processos nos quais partes *cindidas* da psique são projetadas

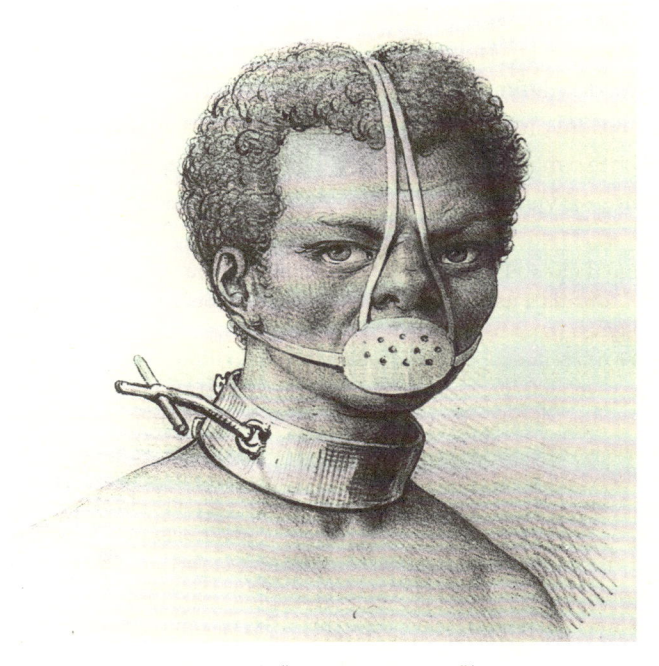

Retrato da "Escrava Anastácia"⁴

---

4. Esta imagem penetrante vai de encontro à/ao espectadora/espectador transmitindo os horrores da escravidão sofridos pelas gerações de africanas/os escravizadas/os. Sem história oficial, alguns dizem que Anastácia era filha de uma família real Kimbundo, nascida em Angola, sequestrada e levada para a Bahia e escravizada por uma família portuguesa. Após o retorno dessa família para Portugal, ela teria sido vendida a um dono de uma plantação de cana-de-açúcar. Outros alegam que ela teria sido uma princesa Nagô/Yorubá antes de ter sido capturada por europeus traficantes de pessoas e trazida ao Brasil na condição de escravizada. Enquanto outros ainda contam que a Bahia foi seu local de nascimento. Seu nome africano é desconhecido. Anastácia foi

para fora, criando o chamado "Outro", sempre como antagonista do "eu" (self). Essa cisão evoca o fato de que o *sujeito branco* de alguma forma está dividido dentro de si próprio, pois desenvolve duas atitudes em relação à realidade externa: somente uma parte do ego – a parte "boa", acolhedora e benevolente – é vista e vivenciada como "eu" e o resto – a parte "má",

o nome dado a ela durante a escravização. Segundo todos os relatos, ela foi forçada a usar um colar de ferro muito pesado, além da máscara facial que a impedia de falar. As razões dadas para esse castigo variam: alguns relatam seu ativismo político no auxílio em fugas de *"outras/ os"* escravizadas/os; outros dizem que ela havia resistido às investidas sexuais do "senhor" *branco*. Outra versão ainda transfere a culpa para o ciúme de uma sinhá que temia a beleza de Anastácia. Dizem também que ela possuía poderes de cura imensos e que chegou a realizar milagres. Anastácia era vista como santa entre escravizadas/os africanas/ os. Após um longo período de sofrimento, ela morre de tétano causado pelo colar de ferro ao redor de seu pescoço. O retrato de Anastácia foi feito por um francês de 27 anos chamado Jacques Arago, que se juntou a uma "expedição científica" pelo Brasil como desenhista, entre dezembro de 1817 e janeiro de 1818. Há outros desenhos de máscaras cobrindo o rosto inteiro de escravizadas/os, somente com dois furos para os olhos; estas eram usadas para prevenir o ato de *comer terra*, uma prática entre escravizadas/os africanas/os para cometer suicídio. Na segunda metade do século XX a figura de Anastácia começou a se tornar símbolo da brutalidade da escravidão e seu contínuo legado do racismo. Ela se tornou uma figura política e religiosa importante em torno do mundo africano e afrodiaspórico, representando a resistência histórica desses povos. A primeira veneração de larga escala foi em 1967, quando o curador do Museu do Negro do Rio de Janeiro erigiu uma exposição para honrar o 80º aniversário da abolição da escravização no Brasil. Anastácia também é comumente vista como uma santa dos Pretos Velhos, diretamente relacionada ao Orixá Oxalá ou Obatalá – orixá da paz, da serenidade e da sabedoria – e é objeto de devoção no Candomblé e na Umbanda (Handler e Hayes, 2009).

rejeitada e malévola – é projetada sobre a/o "*Outra/o*" como algo externo. O *sujeito negro* torna-se então tela de projeção daquilo que o *sujeito branco* teme reconhecer sobre si mesmo, neste caso: a ladra ou o ladrão violenta/o, a/o bandida/o indolente e maliciosa/o. Tais aspectos desonrosos, cuja intensidade causa extrema ansiedade, culpa e vergonha, são projetados para o exterior como um meio de escapar dos mesmos.

Em termos psicanalíticos, isso permite que os sentimentos positivos em relação a si mesma/o permaneçam intactos – branquitude como a parte "boa" do ego – enquanto as manifestações da parte "má" são projetadas para o exterior e vistas como *objetos* externos e "ruins". No mundo conceitual *branco*, o *sujeito negro* é identificado como o *objeto "ruim"*, incorporando os aspectos que a sociedade branca tem reprimido e transformando em tabu, isto é, agressividade e sexualidade. Por conseguinte, acabamos por coincidir com a ameaça, o perigo, o violento, o excitante e também o sujo, mas desejável – permitindo à branquitude olhar para si como moralmente ideal, decente, civilizada e majestosamente generosa, em controle total e livre da inquietude que sua história causa.

A Ferida[5]

Dentro dessa infeliz dinâmica, o *sujeito negro* torna-se não apenas a/o "*Outra/o*" – o diferente, em relação ao qual o "eu" da

---

5. O termo *ferida* é derivado do grego "trauma" (Laplanche e Pontalis, 1988), e este é o sentido que eu uso aqui: "ferida como trauma".

pessoa *branca* é medido –, mas também "Outridade" – a personificação de aspectos repressores do "eu" do *sujeito branco*. Em outras palavras, nós nos tornamos a representação mental daquilo com o que o *sujeito branco* não quer se parecer. Toni Morrison (1992) usa a expressão "dessemelhança",⁶ para descrever a "branquitude" como uma identidade dependente, que existe através da exploração da/o *"Outra/o"*, uma identidade relacional construída por *brancas/os*, que define a elas/es mesmas/os como racialmente diferentes das/os *"Outras/os"*. Isto é, a *negritude* serve como forma primária de Outridade, pela qual a branquitude é construída. A/O *"Outra/o"* não é *"outra/o" per se*; ela/ele torna-se através de um processo de absoluta negação. Nesse sentido, Frantz Fanon (1967, p. 110) escreve: "O que é frequentemente chamado de alma *negra* é uma construção do homem *branco*."

Essa frase nos relembra que não é com o *sujeito negro* que estamos lidando, mas com as fantasias *brancas* sobre o que a *negritude* deveria ser. Fantasias que não nos representam, mas, sim, o imaginário *branco*. Tais fantasias são os aspectos negados do eu *branco* reprojetados em nós, como se fossem retratos autoritários e objetivos de nós mesmas/os. Elas não são, portanto, de nosso interesse. "Eu não posso ir ao cinema", escreve Fanon, "Eu espero por mim" (1967, p. 140). Ele espera pela/o *negra/o* selvagem, pela/o *negra/o* bárbara/o, por serviçais *negras/os*, por *negras* prostitutas, putas e cortesãs, por *negras/os* criminosas/os, assassinas/os e traficantes. Ele espera por aquilo que ele não é. Poderíamos dizer que no

---

6. N. da T. A expressão usada pela escritora Toni Morrison é *"unlikeness"*.

mundo conceitual *branco* é como se o inconsciente coletivo das pessoas *negras* fosse pré-programado para a alienação, decepção e trauma psíquico, uma vez que as imagens da *negritude* às quais somos confrontadas/os não são nada realistas, tampouco gratificantes. Que alienação, ser-se forçada/o a identificar-se com os heróis, que aparecem como *brancos*, e rejeitar os inimigos, que aparecem como *negros*. Que decepção, ser-se forçada/o a olhar para nós mesmas/os como se estivéssemos no lugar delas/es. Que dor, estar presa/o nessa ordem colonial. Essa deveria ser nossa preocupação. Não deveríamos nos preocupar com o *sujeito branco* no colonialismo, mas sim com o fato de o *sujeito negro* ser sempre forçado a desenvolver uma relação consigo mesma/o através da presença alienante do *"outro" branco* (Hall, 1996). Sempre colocado como *"Outra/o"*, nunca como "Eu". "O que mais isso poderia ser para mim", pergunta Fanon (1967, p. 112), "senão uma amputação, uma excisão, uma hemorragia que respinga meu corpo inteiro com sangue *negro*?" Fanon utiliza a linguagem do trauma, como a maioria das pessoas *negras* o faz quando fala sobre experiências cotidianas de racismo, indicando o doloroso impacto corporal e a perda característica de um colapso traumático, pois no racismo o indivíduo é cirurgicamente retirado e violentamente separado de qualquer identidade que ela/ele possa realmente ter. Tal separação é definida como um trauma clássico, uma vez que priva o indivíduo de sua própria conexão com a sociedade inconscientemente pensada como *branca*. "Eu sentia lâminas de facas me abrindo de dentro para fora... Eu não conseguia mais rir", observa Fanon (1967, p. 112). De fato, não há nada para se rir a respeito: enquanto alguém é sobredeterminada/o por algo exterior, pelas fantasias violentas que aquela/e vê, mas que não reconhece sendo dela/e própria/o.

Esse é o trauma do *sujeito negro*; ele jaz exatamente nesse estado de absoluta "Outridade" na relação com o *sujeito branco*. Um círculo infernal: "Quando pessoas gostam de mim, dizem que é apesar da minha cor. Quando não gostam de mim, apontam que não é por causa da minha cor." Fanon (1967, p. 116) escreve: "Em ambas situações, não tenho saída." Preso no absurdo. Parece, portanto, que o trauma de pessoas *negras* provém não apenas de eventos de base familiar, como a psicanálise argumenta, mas sim do traumatizante contato com a violenta barbaridade do mundo *branco*, que é a irracionalidade do racismo que nos coloca sempre como a/o "*Outra/o*", como diferente, como incompatível, como conflitante, como estranha/o e incomum. Essa realidade irracional do racismo é descrita por Frantz Fanon (1967, p. 118) como traumática.

> Eu fui odiado, desprezado, detestado, não pela vizinha do outro lado da rua ou pelo meu primo por parte de mãe, mas por uma raça inteira. Eu competi contra algo irracional. Os psicanalistas dizem que nada é mais traumatizante para a criança do que esses encontros com o que é racional. Eu diria, pessoalmente, que para um homem cuja arma é a razão, não há nada mais neurótico do que o contato com o irracional.

E continua: "Eu racionalizei o mundo e o mundo me rejeitou sob a base do preconceito de cor (...) Coube ao homem branco ser mais irracional do que eu" (Fanon, 1967, p. 123). Aparentemente, a irracionalidade do racismo é o trauma.

Falando do Silêncio

A máscara, portanto, levanta muitas questões: por que deve a boca do *sujeito negro* ser amarrada? Por que ela ou ele tem de ficar calada/o? O que poderia o *sujeito negro* dizer se ela ou ele não tivesse sua boca tapada? E o que o *sujeito branco* teria de ouvir? Existe um medo apreensivo de que, se *o sujeito* colonial falar, a/o colonizadora/or terá de ouvir. Seria forçada/o a entrar em uma confrontação desconfortável com as verdades da/o "*Outra/o*". Verdades que têm sido negadas, reprimidas, mantidas e guardadas como segredos. Eu gosto muito deste dito "mantido em silêncio como segredo".[7] Essa é uma expressão oriunda da diáspora africana e anuncia o momento em que alguém está prestes a revelar o que se presume ser um segredo. Segredos como a escravização. Segredos como o colonialismo. Segredos como o racismo.

O medo *branco* de ouvir o que poderia ser revelado pelo *sujeito negro* pode ser articulado com a noção de *repressão* de Sigmund Freud, uma vez que a "essência da repressão", segundo o mesmo: "Encontra-se simplesmente em afastar-se de algo e mantê-lo à distância do consciente" (Freud, 1923, p. 17). Esse é o processo pelo qual ideias – e verdades – desagradáveis se tornam inconscientes, vão para fora da consciência devido à extrema ansiedade, culpa ou vergonha que causam. Contudo, enquanto enterradas no inconsciente como segredos, permanecem latentes e capazes de ser reveladas a qualquer momento. A máscara vedando a boca do *sujeito negro*

---

7. N. da T. Em inglês: "*quiet as it is kept*".

impede-a/o de revelar tais verdades, das quais o senhor *branco* quer "se desviar", "manter à distância" nas margens, invisíveis e "quietas". Por assim dizer, esse método protege o *sujeito branco* de reconhecer o conhecimento da/o "*Outra/o*". Uma vez confrontado com verdades desconfortáveis dessa *história muito suja*,[8] o *sujeito branco* comumente argumenta "não saber...", "não entender ...", "não se lembrar...", "não acreditar..." ou "não estar convencido...". Essas são expressões desse processo de repressão, no qual o *sujeito* resiste tornando consciente a informação inconsciente, ou seja, alguém quer fazer (e manter) o conhecido desconhecido. A repressão é, nesse sentido, a defesa pela qual o ego controla e exerce censura em relação ao que é instigado como uma verdade "desagradável". Falar torna-se, assim, virtualmente impossível, pois, quando falamos, nosso discurso é frequentemente interpretado como uma versão dúbia da realidade, não imperativa o suficiente para ser dita nem tampouco ouvida. Tal impossibilidade ilustra como o falar e o silenciar emergem como um projeto análogo. O ato de falar é como uma negociação entre quem fala e quem escuta, isto é, entre falantes e suas/seus interlocutoras/es (Castro Varela e Dhawan, 2003). Ouvir é, nesse sentido, o ato de autorização em direção à/ao falante. Alguém pode falar (somente) quando sua voz é ouvida. Nessa dialética, aquelas/es que são ouvidas/os são também aquelas/es que

---

8. Em inglês: "*dirty history*", frase frequentemente usada pela escritora Toni Morrison para descrever seu trabalho artístico quando argumenta que sua escrita traz à tona os assim chamados "negócios sujos do racismo" (1992).

"pertencem". E aquelas/es que *não* são ouvidas/os se tornam aquelas/es que "*não* pertencem". A máscara recria esse projeto de silenciamento e controla a possibilidade de que colonizadas/os possam um dia ser ouvidas/os e, consequentemente, possam pertencer. Durante um discurso público Paul Gilroy descreve cinco mecanismos distintos de defesa do ego pelos quais o *sujeito branco* passa a fim de ser capaz de "ouvir", isto é, para que possa se tornar consciente de sua própria branquitude e de si própria/o como perpetradora/perpetrador do racismo: *negação*; culpa; vergonha; reconhecimento; reparação. Mesmo que Gilroy não tenha explicado a corrente de mecanismos de defesa do ego, eu gostaria de fazê-lo a seguir, pois acredito que seja importante e elucidativo.

Negação (denial em inglês, no sentido de recusa*)* é um mecanismo de defesa do ego que opera de forma inconsciente para resolver conflitos emocionais através da recusa em admitir os aspectos mais desagradáveis da realidade externa, bem como sentimentos e pensamentos internos. Essa é a recusa em reconhecer a verdade. A *Negação (denial)* é seguida por dois outros mecanismos de defesa do ego: cisão e projeção. Como escrevi anteriormente, o *sujeito* nega que ela/ele tenha tais sentimentos, pensamentos ou experiências, mas continua a afirmar que "*outra*" pessoa os tem. A informação original – "Nós estamos tirando o que é delas/es" ou "Nós somos racistas" – é refutada e projetada sobre as/os "*Outras/os*": "Elas/es vêm aqui e retiram o que é Nosso", "elas/eles são racistas." Para diminuir o choque emocional e a tristeza, o *sujeito negro* diria: "Nós estamos de fato tirando o que é delas/es" ou "eu nunca experienciei o racismo". A *Negação (denial)* é frequentemente confundida com *negação (negation* em inglês, no sentido de formulação na negativa). Esses são, porém, dois mecanismos diferentes de defesa do ego (não distinguidos na língua portuguesa). Na última, um sentimento, um pensamento ou experiência são admitidos ao consciente em sua forma negativa (Laplanche e Pontalis, 1988). Por exemplo: "Nós não estamos tirando o que é Delas/es" ou "Nós não somos racistas."

Após a *negação* vem a *culpa*, a emoção que segue a infração de uma interdição moral. Esse é um estado emocional no qual o indivíduo vivencia o conflito de ter feito algo que acredita que não deveria ser feito ou, ao contrário, de não ter feito algo que acredita que deveria ter sido feito. Freud descreve tal estado como o resultado de um conflito entre o ego e o superego, ou seja, um conflito entre os próprios desejos agressivos do indivíduo em relação aos *"outras/os"* e seu superego (autoridade). O *sujeito* não tenta impor aos *"outras/ os"* o que ela/ele teme reconhecer em si mesma/o como acontece na *negação*, mas está, em vez disso, preocupada/o com as consequências de sua própria infração: "acusação", "culpabilização", "punição". Culpa se difere de ansiedade, pois a ansiedade é experienciada em relação a acontecimentos futuros, tal como quando a ansiedade é criada pela ideia de que o racismo possa vir a ocorrer. Culpa é vivenciada em relação a um ato já cometido, ou seja, o racismo já aconteceu, criando um estado emocional de culpabilidade. As respostas comuns à culpa são a *intelectualização* ou *racionalização*, isto é, a tentativa do *sujeito branco* de construir uma justificativa lógica para o racismo; ou *descrença*, assim o *sujeito branco* pode dizer: "Nós não queríamos dizer isso nesse sentido", "você entendeu mal," "para mim não há *negras/os* ou *brancas/os*, somos todos humanos." De repente, o *sujeito branco* investe tanto intelectual quanto emocionalmente na ideia de que a "raça", na verdade, não importa como estratégia para reduzir os desejos inconscientes agressivos em relação às/aos "*Outras/os*", bem como seu sentimento de culpa.

Vergonha, por outro lado, é o medo do ridículo, a resposta ao fracasso de viver de acordo com o ideal de seu próprio ego. Enquanto a culpa ocorre se o indivíduo transgredir uma interdição derivada de seu exterior, a vergonha ocorre quando o indivíduo falha em atingir um ideal de comportamento estabelecido por si mesma/o. A vergonha está, portanto, conectada intimamente ao sentido de percepção. Ela é provocada por experiências que colocam em questão nossas preconcepções sobre nós mesmas/os e nos obriga a nos vermos através dos olhos de "*outras/os*", nos ajudando a reconhecer a discrepância entre a percepção de outras pessoas sobre nós e nossa própria percepção de nós mesmas/os: "Quem sou eu? Como as/os "*outras/os*" me percebem? E o que represento para elas/eles?" O *sujeito branco* se dá conta de que a percepção das pessoas *negras* sobre a branquitude pode ser diferente de sua percepção de si mesmo, na medida em que a branquitude é vista como uma identidade privilegiada – o que significa tanto poder quanto alerta – a vergonha é o resultado desse conflito.

Reconhecimento segue a vergonha; no momento em que o *sujeito branco* reconhece sua própria branquitude e/ou racismo. Esse é, portanto, o processo de reconhecimento. O indivíduo finalmente reconhece a realidade de seu racismo ao aceitar a percepção e a realidade de "*Outras/os*". Reconhecimento é, nesse sentido, a passagem da fantasia para a realidade – já não se trata mais da questão de como eu gostaria de ser vista/o, mas sim de quem eu sou; não mais como eu gostaria que as/os "*Outras/os*" fossem, mas sim quem elas/eles realmente são.

Reparação, então, significa a negociação do reconhecimento. O indivíduo negocia a realidade. Nesse sentido, esse último estado é o ato de reparar o mal causado pelo racismo através da mudança de estruturas, agendas, espaços, posições, dinâmicas, relações subjetivas, vocabulário, ou seja, através do abandono de privilégios.

Esses diversos passos revelam a consciência sobre o racismo não como uma questão moral, mas sim como um processo psicológico que exige trabalho. Nesse sentido, em vez de fazer a clássica pergunta moral "Eu sou racista?" e esperar uma resposta confortável, o *sujeito branco* deveria se perguntar: "Como eu posso desmantelar meu próprio racismo?" Tal pergunta, então, por si só, já inicia esse processo.

2. QUEM PODE FALAR?
FALANDO DO CENTRO, DESCOLONIZANDO O CONHECIMENTO

"Pode a subalterna falar?"

Gayatri C. Spivak (1995) coloca a questão "Pode a subalterna falar?", à qual logo responde: "Não!" É impossível para a subalterna falar ou recuperar sua voz e, mesmo que ela tivesse tentado com toda sua força e violência, sua voz ainda não seria escutada ou compreendida pelos que estão no poder. Nesse sentido, a subalterna não pode, de fato, falar. Ela está sempre confinada à posição de marginalidade e silêncio que o pós-colonialismo prescreve. Spivak usa a imolação de viúvas na Índia como um símbolo da subalterna. A viúva indiana, argumenta, é encarcerada dentro do colonialismo e do patriarcado, situação que faz com que seja quase impossível para ela ganhar voz. O ato de queimar a viúva na pira funerária de seu marido recém-falecido, continua Spivak, confirma que ela está ausente como *sujeito*. Essa ausência simboliza a posição da subalterna como *sujeito* oprimido que não pode falar porque as estruturas da opressão não permitem que essas vozes sejam escutadas, tampouco proporciona um espaço para a articulação das mesmas. Nesse ponto, Spivak oferece uma visão bastante significativa, questionando a noção de falar. Ao argumentar que a subalterna não pode falar, ela não está se referindo ao ato de falar em si; não significa que nós não conseguimos articular a fala ou que não podemos falar em nosso próprio nome. A teórica, em vez disso, refere-se à dificuldade de falar dentro do regime repressivo do colonialismo e do racismo. Alguns anos mais tarde, foi formulada uma questão similar, no contexto alemão: "*Spricht die Subalterne deutsch?*"[9] (Steyerl e Gutiérrez Rodríguez, 2003).

O posicionamento de Spivak acerca *da subalterna silenciosa* é, entretanto, problemático se visto como uma afirmação absoluta sobre as relações coloniais porque sustenta a ideia de que o *sujeito negro* não tem capacidade de questionar e combater discursos coloniais. Esse posicionamento, argumenta Benita Parry (*apud.* Loomba, 1998), delibera surdez para a voz nativa, *onde ela pode ser ouvida*, e atribui um poder absoluto ao discurso dominante *branco*. A ideia de uma subalterna que não pode falar, como explica Patricia Hill Collins (2000), encontra primeiro a ideologia colonial que argumenta que grupos subordinados se identificam de modo incondicional com os poderosos e não têm uma interpretação independente válida de sua própria opressão – e, portanto, não podem falar. Em segundo lugar, a ideia de *uma subalterna silenciosa* pode também implicar a alegação colonial de que grupos subalternos são menos humanos do que seus opressores e são, por isso, menos capazes de falar em seus próprios nomes. Ambas afirmações veem os colonizados como incapazes de falar, e nossos discursos como insatisfatórios e inadequados e, nesse sentido, silenciosos. Elas também vão ao encontro da sugestão comum de que grupos oprimidos carecem de motivação para o ativismo político por conta de uma consciência falha ou

---

9. N. da T. A autora se refere ao volume: "A Subalterna Fala Alemão?: Migração e Crítica Pós-colonial". Encarnación Gutiérrez Rodríguez, Hito Steyerl (orgs.). Münster: Unrast Verlag, 2003, ainda sem tradução em português.

insuficente de sua própria subordinação. No entanto, grupos subalternos – colonizados – não têm sido nem vítimas passivas nem tampouco cúmplices voluntárias/os da dominação. É desnecessário escolher entre os posicionamentos se se pode falar ou não. No entanto, Spivak alerta as/os críticas/os pós-coloniais contra a romantização dos *sujeitos* resistentes. Ela leva a sério o desejo de intelectuais pós-coloniais de enfatizar a opressão e viabilizar as perspectivas dos grupos oprimidos. Não obstante, seu objetivo é desafiar a simples suposição de que podemos recuperar o ponto de vista da subalterna. A própria ausência (no centro) da voz da/o colonizada/o pode ser lida como emblemática da dificuldade de recuperar tal voz, e como a confirmação de que *não* há *espaço* onde colonizadas/os podem falar.

Conhecimento e o mito do universal

Todo semestre, logo no primeiro dia do meu seminário, faço algumas perguntas à turma, para lhes oferecer uma noção de como o conhecimento e o poder racial se entrelaçam. Primeiro nós contamos quantas pessoas há na sala. Então, começo fazendo perguntas muito simples: O que foi a Conferência de Berlim em 1884-85? Quais países africanos foram colonizados pela Alemanha? Quantos anos durou a colonização alemã no continente africano? E concluo com perguntas mais específicas: Quem foi a Rainha Nzinga e que papel ela teve na luta contra a colonização europeia? Quem escreveu *Pele Negra, Máscaras Brancas*? Quem foi May Ayim?

Não surpreende que a maioria das/os estudantes *brancas/os* na sala é incapaz de responder às perguntas, enquanto estudantes *negras/os* respondem corretamente à maioria delas. De repente, aquelas/es que, em geral, não são vistas/os tornam-se visíveis, enquanto aquelas/es sempre vistas/os tornam-se invisíveis. Aquelas/es usualmente silenciosas/os começam a falar, enquanto aquelas/es que sempre falam tornam-se silenciosos. Silenciosos não porque não conseguem articular suas vozes ou línguas, mas sim porque não possuem *aquele* conhecimento. Quem sabe o quê? Quem não sabe? E por quê?

Esse exercício nos permite visualizar e compreender como conceitos de conhecimento, erudição e ciência estão intrinsecamente ligados ao poder e à autoridade racial. Qual conhecimento está sendo reconhecido como tal? E qual conhecimento não o é? Qual conhecimento tem feito parte das agendas acadêmicas? E qual conhecimento não? De quem é esse conhecimento? Quem é reconhecida/o como alguém que possui conhecimento? E quem não o é? Quem pode ensinar conhecimento? E quem não pode? Quem está no centro? E quem permanece fora, nas margens?

Fazer essas perguntas é importante porque o centro ao qual me refiro aqui, isto é, o centro acadêmico, não é um local neutro. Ele é um espaço *branco* onde o privilégio de fala tem sido negado para as pessoas *negras*. Historicamente, esse é um espaço onde temos estado sem voz e onde acadêmicas/os *brancas/os* têm desenvolvido discursos teóricos que formalmente nos construíram como a/o *"Outras/os"* inferior, colocando africanas/os em subordinação absoluta ao *sujeito branco*. Nesse espaço temos sido descritas/os, classificadas/os, desumanizadas/os, primitivizadas/os, brutalizadas/os, mortas/os. Esse não é um espaço neutro. Dentro dessas salas fomos feitas/os *objetos* "de discursos estéticos e culturais predominantemente *brancos*" (Hall, 1992, p. 252), mas raras vezes fomos os *sujeitos*. Tal posição de objetificação que comumente ocupamos, esse lugar da "Outridade" não indica, como se acredita, uma falta de resistência ou interesse, mas sim a falta de acesso à representação, sofrida pela comunidade *negra*. Não é que nós não tenhamos falado, o fato é que nossas vozes, graças a um sistema racista, têm sido sistematicamente desqualificadas, consideradas conhecimento inválido; ou então representadas por pessoas brancas que, ironicamente, tornam-se "especialistas" em nossa cultura, e mesmo em nós.

De ambos os modos, somos capturadas/os em uma ordem violenta colonial. Nesse sentido, a academia não é um espaço neutro nem tampouco simplesmente um espaço de conhecimento e sabedoria, de ciência e erudição, é também um espaço de v-i-o-l-ê-n-c-i-a.

Como acadêmica, por exemplo, é comum dizerem que meu trabalho acerca do racismo cotidiano é muito interessante, porém não muito científico. Tal observação ilustra a ordem colonial na qual intelectuais *negras/os* residem: "Você tem uma perspectiva demasiado *subjetiva*", "muito *pessoal*"; "muito *emocional*"; "muito *específica*"; "Esses são *fatos objetivos*?". Tais comentários funcionam como uma máscara que silencia nossas vozes assim que falamos. Eles permitem que o *sujeito branco* posicione nossos discursos de volta nas margens, como conhecimento desviante, enquanto seus discursos se conservam no centro, como a norma. Quando elas/eles falam é científico, quando nós falamos é acientífico.

universal / específico;
objetivo / subjetivo;
neutro / pessoal;
racional / emocional;
imparcial / parcial;
elas/eles têm fatos / nós temos opiniões;
elas/eles têm conhecimento / nós temos experiências.

Essas não são simples categorizações semânticas; elas possuem uma dimensão de poder que mantém posições hierárquicas e preservam a supremacia *branca*. Não estamos lidando aqui com uma "coexistência pacífica de palavras", como Jacques Derrida (1981, p. 41) enfatiza, mas sim com uma hierarquia violenta que determina *quem pode falar*.

Conhecimento e o mito da objetividade

Há muito tempo temos falado e produzido conhecimento independente, mas quando há assimetria de grupos no poder, há também assimetria no acesso que os grupos têm a recursos necessários para implementar suas próprias vozes (Collins, 2000). Porque nos falta controle sobre tais estruturas, a articulação de nossas próprias perspectivas fora de nossos grupos torna-se extremamente difícil, se não irrealizável. Como resultado, o trabalho de escritoras/es e intelectuais *negras/os* permanece, em geral, fora do corpo acadêmico e de suas agendas, como as perguntas às/aos estudantes mostrou. Eles e elas não estão acidentalmente naquele lugar; foram colocadas/os na margem por regimes dominantes que regulam o que é a "verdadeira" erudição. Considerando que o conhecimento é colonizado, argumenta Irmingard Staeuble (2007, p. 90), e que o colonialismo "não apenas significou a imposição da autoridade ocidental sobre terras indígenas, modos indígenas de produção, leis e governos indígenas, mas também a imposição da autoridade ocidental sobre todos os aspectos dos saberes, línguas e culturas indígenas", não é somente uma imensa, mas também urgente tarefa descolonizar a ordem eurocêntrica do conhecimento.

Além disso, as estruturas de validação do conhecimento, que definem o que é erudição "de verdade" e "válida", são controladas por acadêmicas/os brancas/os. Ambos, homens e mulheres, que declaram suas perspectivas como condições universais. Enquanto posições de autoridade e comando na academia forem negadas às pessoas *negras* e às *People of Color* (PoC) a ideia sobre o que são ciência e erudição prevalece intacta, permanecendo "propriedade" exclusiva e inquestionável da branquitude. Portanto, o que encontramos na academia não é uma verdade objetiva científica, mas sim o resultado de relações desiguais de poder de "raça".

Qualquer forma de saber que não se enquadre na ordem eurocêntrica de conhecimento tem sido continuamente rejeitada, sob o argumento de não constituir ciência credível. A ciência não é, nesse sentido, um simples estudo apolítico da verdade, mas a reprodução de relações raciais de poder que ditam o que deve ser considerado verdadeiro e em quem acreditar. Os temas, paradigmas e metodologias do academicismo tradicional – a chamada epistemologia – refletem não um espaço heterogêneo para a teorização, mas sim os interesses políticos específicos da sociedade *branca* (Collins, 2000; Nkweto Simmonds, 1997). A epistemologia, derivada das palavras gregas *episteme*, que significa conhecimento, e *logos*, que significa ciência, é a ciência da aquisição de conhecimento e determina que questões merecem ser colocadas (*temas*), como analisar e explicar um fenômeno (*paradigmas*) e como conduzir pesquisas para produzir conhecimento (*métodos*), e nesse sentido define não apenas o que é o conhecimento verdadeiro, mas também em quem acreditar e em quem confiar. Mas quem define quais perguntas merecem ser feitas? Quem as está perguntando? Quem as está explicando? E para quem as respostas são direcionadas?

Devido ao racismo, pessoas *negras* experienciam uma realidade diferente das *brancas* e, portanto, questionamos, interpretamos e avaliamos essa realidade de maneira diferente. Os temas, paradigmas e metodologias utilizados para explicar tais realidades podem diferir dos temas, paradigmas e metodologias das/os dominantes. Essa "diferença", no entanto, é distorcida do que conta como conhecimento válido. Aqui, inevitavelmente tenho de perguntar, como eu, uma mulher *negra*, posso produzir conhecimento em uma arena que constrói, de modo sistemático, os discursos de intelectuais *negras/os* como menos válidos.

Conhecimento e o mito da neutralidade

Interessante, mas *acientífico*; interessante, mas *subjetivo*; interessante, mas *pessoal, emocional, parcial*: "Você interpreta demais", disse uma colega. "Você deve achar que é a *rainha da interpretação*." Tais comentários revelam o controle interminável sobre a voz do *sujeito negro* e o anseio de governar e comandar como nós nos aproximamos e interpretamos a realidade. Com tais observações, o *sujeito branco* é assegurado de seu lugar de poder e autoridade sobre um grupo que ele está classificando como "menos inteligente".

O último comentário, em particular, contém dois momentos cruciais. O primeiro é uma forma de advertência, que descreve o ponto de vista de uma mulher *negra* como uma distorção da verdade, indicada aqui através da expressão "interpretar demais". A colega branca estava me advertindo que eu estava interpretando em demasia, extrapolando as normas da epistemologia tradicional e, portanto, produzindo conhecimento inválido. Parece-me que a afirmação "interpretar demais" tem a ver com a ideia de que a/o oprimida/o está vendo "algo" que não deveria ser visto e a revelar "algo" que deveria permanecer em silêncio, como um segredo.

Curiosamente, também nos discursos feministas, os homens tentam, de forma similar, irracionalizar o pensamento de mulheres, como se as interpretações feministas não fossem nada mais do que fabricação da realidade, de ilusão, talvez até uma alucinação feminina. Nessa constelação, é a mulher *branca* que irracionaliza meu pensamento e, ao fazê-lo, ela define para uma mulher *negra* o que é o conhecimento "real" e como ele deveria ser expressado. Isso revela as complexas dinâmicas entre "raça", gênero e poder, e como a suposição de um mundo dividido entre homens poderosos e mulheres subordinadas não pode explicar o poder da mulher *branca* sobre mulheres e homens *negros*.

No segundo momento, ela fala de posições hierárquicas, de uma rainha que ela fantasia que eu queira ser, mas em quem não posso me tornar. A rainha é uma metáfora interessante. É uma metáfora do poder e também da ideia de que certos corpos pertencem a determinados lugares: uma rainha pertence naturalmente ao palácio "do conhecimento", ao contrário da plebe, que não pode jamais alcançar uma posição de realeza. A plebe está encerrada em seus corpos subordinados. Tal hierarquia introduz uma dinâmica na qual a *negritude* significa não somente "inferioridade", mas também "*estar fora do lugar*" enquanto a branquitude significa "*estar no lugar*" e, portanto, "superioridade". Dizem-me que estou fora do lugar, porque em sua fantasia eu não posso ser a rainha, mas apenas a plebeia. Ela parece estar preocupada com meu corpo como impróprio. No racismo, corpos *negros* são construídos como corpos impróprios, como corpos que estão "*fora do lugar*" e, por essa razão, corpos que não podem pertencer. Corpos brancos, ao contrário, são construídos como próprios, são corpos que estão "no lugar", "em casa", corpos que sempre pertencem. Eles pertencem a todos os lugares: na Europa, na África, no norte, no sul, leste, oeste, no centro, bem como na periferia. Através de tais comentários, intelectuais *negras/os* são convidadas/os persistentemente a retornar a "seus lugares", "fora" da academia, nas margens, onde seus corpos são vistos como

"apropriados" e "em casa". Tais comentários agressivos são performances frutíferas do poder, controle e intimidação que certamente logram sucesso em silenciar vozes oprimidas. Frutífero, de fato, porque lembro de ter parado de escrever por mais de um mês. Eu me tornei temporariamente sem voz. Fui claramente excluída (*white-out*), e estive esperando ser escuramente incluída (*Black-in*). Me lembrei muito das palavras de Audre Lorde:
E quando nós falamos
temos medo que nossas palavras nunca serão ouvidas
nem bem-vindas
mas quando estamos em silêncio
nós ainda temos medo.
então é melhor falar
tendo em mente que
não éramos supostas sobreviver.

Discursos marginais – Dor, decepção e raiva

Obviamente, falar sobre essas posições marginais evoca dor, decepção e raiva. Elas são lembretes dos lugares onde mal podemos entrar, dos lugares nos quais dificilmente "chegamos" ou não "podemos ficar" (hooks, 1990, p. 148). Tal realidade deve ser falada e teorizada. Deve ter um lugar dentro do discurso, porque não estamos lidando aqui com "informação privada". Tal informação aparentemente privada não é, de modo algum, privada. Não são histórias pessoais ou reclamações íntimas, mas sim relatos de racismo. Tais experiências revelam a inadequação do academicismo dominante em relacionar-se não apenas com *sujeitos* marginalizados, mas também com nossas experiências, discursos e teorizações. Elas espelham as realidades históricas, políticas, sociais e emocionais das "relações raciais" em espaços acadêmicos e deveriam, portanto, ser articuladas tanto teórica quanto metodologicamente. Sendo assim, demando uma epistemologia que inclua o pessoal e o subjetivo como parte do discurso acadêmico, pois todas/os nós falamos de um tempo e lugar específicos, de uma história e uma realidade específicas – não há discursos neutros. Quando acadêmicas/os *brancas/os* afirmam ter um discurso neutro e objetivo, não estão reconhecendo o fato de que elas e eles também escrevem de um lugar específico que, naturalmente, não é neutro nem objetivo ou universal, mas dominante.[10] É um lugar de poder. Desse modo, se esses ensaios parecem preocupados em narrar as emoções e a subjetividade como parte do discurso teórico, vale lembrar que a teoria está sempre posicionada em algum lugar e é sempre escrita por alguém. Meus escritos podem ser incorporados de emoção e de subjetividade, pois, contrariando o academicismo tradicional, as/os intelectuais *negras/os* se nomeiam, bem como seus locais de fala e de escrita, criando um novo discurso com uma nova linguagem. Eu, como mulher *negra*, escrevo com palavras que descrevem minha realidade, não com palavras que descrevam a realidade de um erudito

---

10. O envolvimento da ciência em construções raciais é tal, que "deixou claro que (suas) reivindicações universalistas carecem de qualquer base quanto à objetividade ou valor da neutralidade" (Staeuble, 2007, p. 89).

branco, pois escrevemos de lugares diferentes. Escrevo da periferia, não do centro. Este é também o lugar de onde eu estou teorizando, pois coloco meu discurso dentro da minha própria realidade. O discurso das/os intelectuais *negras/os* surge, então, frequentemente como um discurso lírico e teórico que transgride a linguagem do academicismo clássico. Um discurso que é tão político quanto pessoal e poético, como os escritos de Frantz Fanon ou os de bell hooks. Essa deveria ser a preocupação primordial da descolonização do conhecimento acadêmico, isto é, "lançar uma chance de produção de conhecimento emancipatório alternativo", como Irmingard Staeuble (2007, p. 90) argumenta, a fim de transformar "as configurações do conhecimento e do poder em prol da abertura de novos espaços para a teorização e para a prática".

Como escritoras/es e acadêmicas/os *negras/os*, estamos transformando configurações de conhecimento e poder à medida que nos movemos entre limites opressivos, entre a margem e o centro. Essa transformação é refletida em nossos discursos. Quando produzimos conhecimento, argumenta bell hooks, nossos discursos incorporam não apenas palavras de luta, mas também de dor – a dor da opressão. E ao ouvir nossos discursos, pode-se também ouvir a dor e a emoção contidas em sua precariedade: a precariedade, ela argumenta, de *ainda* sermos excluídas/os de lugares aos quais acabamos de "chegar", mas dificilmente podemos "ficar".

Lembro-me do processo de inscrição do meu projeto de doutorado na universidade como um momento de dor. Ele despertou a dor vinda tanto das margens quanto da "impossibilidade" de entrar no centro. A inscrição, tão emblemática da minha passagem para o centro, foi um longo e dúbio processo que parecia impossível superar ou triunfar. Lembro-me de como a lista de documentos necessários para se inscrever mudava toda vez que o processo parecia estar concluído. Exigiam repetidamente novos certificados que não haviam sido listados, nem sequer mencionados antes. Reuni-los consumiu tempo e dinheiro imensos, para lá e para cá, enviando faxes, solicitando documentos, à espera de documentos autenticados do meu país, traduzindo-os para o alemão e autenticando as traduções novamente. Ao final, disseram-me que nenhum daqueles documentos era realmente necessário, mas que eu precisava fazer um teste de alemão. Foi a primeira vez que alguém mencionou que, para ser matriculada como estudante de doutorado, eu teria de me submeter a um exame de língua alemã. Tal exame seria realizado dois dias após o recebimento dessa notícia. Fiquei perplexa com o fato de que não me haviam dito isso antes, pelo menos eu poderia ter me preparado. O teste, no entanto, não estava listado como uma exigência oficial para candidatas/os ao doutorado e eu disse isso a eles, em vão. Dois dias depois, encontrei-me sentada e despreparada numa sala enorme com dezenas de estudantes de todas as partes do mundo. A tensão foi grotesca. O teste determinaria quem poderia se tornar estudante e permanecer na Alemanha e quem não poderia. Após o teste, procurei os regulamentos da universidade, pedi uma tradução e li atentamente todas as seções da Constituição. De fato, eu não precisava daquele teste. Não houve neutralidade! Não houve objetividade! Aquele espaço não era "imparcial"!

Parecia que eu finalmente encontrara todas as condições necessárias para me inscrever. Quando finalmente tive meu último encontro com uma das diretoras no departamento de registro, ela sentou na minha frente, meus documentos nas mãos e, de maneira persuasiva, perguntou-me *se eu tinha certeza absoluta* que *queria me inscrever* como candidata ao doutorado. Ela explicou que *eu não precisava*, e adicionou que eu deveria considerar a possibilidade de pesquisar e escrever minha tese em casa. A "casa" a que ela se referia é invocada aqui como a margem. Eu estava sendo convidada a permanecer "em casa", "fora" das estruturas universitárias, com o status não oficial de pesquisadora. A mulher *branca*, por outro lado, estava falando desde dentro – do centro – onde ela era documentada e oficial. A diferença racial vem a coincidir com a diferença espacial, quando a mulher *branca*, habitante do centro, pede à mulher *negra*, que está na periferia, para não entrar, mas sim para permanecer nas margens. As relações de poder desiguais de "raça" são então rearticuladas nas relações de poder desiguais entre os espaços (Mohanram, 1999, p. 3). Eu estava furiosa e exausta. Quantos obstáculos ainda faltavam? Quantas mentiras e mal-entendidos? Quem pode, de fato, entrar nesse centro? E quem tem *permissão* para produzir conhecimento?

Devido à longa demora de todo o processo de matrícula, eu ainda não tinha recebido o cartão, então minha orientadora gentil e prontamente escreveu uma carta oficial declarando que eu era sua aluna de doutorado. Isso me daria acesso à estrutura da universidade. Eu costumava levar essa carta comigo, dentro da minha carteira. A primeira vez que visitei a biblioteca de psicologia da Universidade Livre de Berlim, logo na entrada, quando eu estava passando, fui chamada de repente por uma funcionária *branca*, que disse em voz alta: "Você não é daqui, é? A biblioteca é apenas para estudantes universitárias/os!" Perplexa, parei. No meio de dezenas de pessoas *brancas* circulando "dentro" daquele enorme recinto, eu fui a única parada e verificada na entrada. Como ela poderia saber se eu era "de lá" ou "de outro lugar"? Ao dizer "só para estudantes universitárias/os", a funcionária da biblioteca estava me informando que o meu corpo não foi *lido* como um corpo acadêmico. As/os estudantes universitárias/os a quem ela estava se referindo eram as/os *"outras/os" brancas/os* na biblioteca. Nos seus olhos, elas e eles eram lidos como corpos acadêmicos, corpos "no lugar", "em casa", como mencionado anteriormente. Eu respondi mostrando-lhe a carta que, como um passaporte, faria de mim "um corpo no lugar". O papel permitiria que eu entrasse em um espaço que minha pele não permitia, ou não tinha permissão para entrar. Aqui, a *negritude* vem coincidir não apenas com o "fora", mas também com a imobilidade. Estou imobilizada porque, como mulher *negra*, sou vista como "fora do lugar". A capacidade que os corpos *brancos* têm de se mover livremente naquele recinto resulta do fato de eles estarem sempre "no lugar" – na não marcação da *branquitude* (Ahmed, 2000). A *negritude*, por outro lado, é significada pela marcação. Eu sou marcada como diferente e incompetente: diferente – "Você não é daqui" –, incompetente – "somente para estudantes universitárias/os" –, e assim imobilizada – "Você tem certeza de que quer se registrar como aluna do doutorado?".

Descolonizando o conhecimento

Escrever sobre o próprio corpo e explorar os significados do corpo pode, obviamente, ser visto como um ato de narcisismo ou de essencialismo, escreve Felly Nkweto Simmonds (1997). Ela conclui, contudo, que essa é uma estratégia importante usada por mulheres africanas e afrodiaspóricas para desconstruir sua posição dentro da academia. Os episódios anteriores examinam não apenas a relação problemática entre a academia e a *negritude*, mas também a relação entre nós e a teoria social que proporciona nossas experiências incorporadas. Como Gayatri C. Spivak (1993, p. 3) explica em seu ensaio *Marginality in the Teaching Machine*,[11] que tais escritos pessoais são uma "crítica persistente e (des)construtiva à teoria" um debate sobre a impossibilidade de o corpo e as construções racistas sobre ele escaparem dentro da "máquina de ensino". Pois não se é simplesmente "um peixe na água", essa água tem peso: eu não posso ser, como sugere Bourdieu,[12] um peixe na

---

11. N. da T: "Marginalidade na máquina de ensino", até o momento sem tradução em português.
12. Nkweto Simmonds cita anteriormente Bourdieu: "A realidade social existe, por assim dizer, duplamente, nas coisas e nas mentes, nos campos e no habitus, fora e dentro dos agentes. E quando o habitus encontra um mundo social do qual é o produto, ele é como um 'peixe na água': não sente o peso da água e toma o mundo como algo natural" (Bourdieu e Wacquant, 1992, p. 127, citado em Nkweto Simmonds, 1997). Quando Bourdieu e Wacquant afirmam que o habitus, ao encontrar um mundo social do qual é o produto, é "como um peixe na água", eles, como homens *brancos*, esquecem que a relação que as/os "*Outras/os*" – que são racializados – têm com esse conhecimento é condicionada. E, portanto,

água que "não sente o peso da água e toma o mundo sobre si mesmo como natural. O mundo que habito como acadêmica é um mundo *branco*. (...) Discursos acadêmicos sobre o social construíram a *negritude* como a/o '*Outra/o*' inferior, de modo que, mesmo ao ser nomeada, a *negritude* contém um problema de relacionalidade com a *branquitude*. (...) Neste mundo *branco* eu sou um peixe de água doce nadando na água do mar. Eu sinto o peso da água... no meu corpo" (Nkweto Simmonds, 1997, p. 226-7).

Eu também sinto o peso dessa água. Durante o processo de matrícula, considerei diversas vezes deixar a Alemanha ou desistir do meu projeto de tese, como alguns colegas e algumas colegas *negras/os* fizeram na época.[13] Essa situação paradoxal descreve a dinâmica entre "raça" e espaço relatada acima. Eu tenho de sair do país para fazer trabalhos acadêmicos? Ou eu poderia ficar no país, mas fora da academia? Eu conseguiria administrar minha permanência no país e dentro da academia? E quanto ser uma das poucas intelectuais *negras* dentro dessa maquinaria *branca* me custaria emocionalmente? Essas perguntas giravam constantemente na minha mente. Alguns anos mais tarde, eu ainda era a única estudante *negra* no meu colóquio, e depois a única docente *negra* no meu departamento e uma das poucas em toda a instituição. Não

---

estão de fato, em discordância com o mundo social do qual se é um produto, pois este mundo é *branco*.

13. Éramos um grupo de jovens intelectuais e escritoras/es *negras/os* imigrantes. Eu fui a única que permaneceu, mas também a única que possuía um passaporte europeu; eu tinha o privilégio da cidadania portuguesa.

posso ignorar quão difícil é para nossos corpos escaparem às construções racistas sobre eles, dentro da academia.

Quando frequentava a universidade, lembro-me de ser a única aluna *negra* no departamento de psicologia, por cinco anos. Entre outras coisas, aprendi sobre a patologia do *sujeito negro* e também que o racismo não existe. Na escola, lembro de crianças *brancas* sentadas na frente da sala de aula, enquanto as crianças *negras* se sentavam atrás. De nós, dos fundos da sala, era exigido que escrevêssemos com as mesmas palavras das crianças da frente "porque somos todos iguais", dizia a professora. Nos pediam para ler sobre a época dos "descobrimentos portugueses", embora não nos lembrássemos de termos sido descobertas/os. Pediam que escrevêssemos sobre o grande legado da colonização, embora só pudéssemos lembrar do roubo e da humilhação. E nos pediam que não perguntássemos sobre nossos heróis e heroínas de África, porque elas/eles eram terroristas e rebeldes. Que ótima maneira de colonizar, isto é, ensinar colonizadas/os a falar e escrever a partir da perspectiva do colonizador. Mas, sabendo que grupos oprimidos são frequentemente colocados na posição de ser ouvidos somente "se enquadrarmos nossas ideias na linguagem que é familiar e confortável para um grupo dominante" (Collins, 2000, p. vii), eu não posso escapar da pergunta final: "Como eu, uma mulher *negra*, deveria escrever dentro desta arena?" Patricia Hill Collins argumenta que a exigência de que a/o oprimida/o seja obrigada/o a prover um discurso confortável, muitas vezes muda "o significado do nosso ideal e trabalha para elevar as ideias dos grupos dominantes" (2000, p. vii). Assim, o conforto aparece como uma forma de regulação dos discursos marginalizados.[14] Para quem devo escrever? E como devo escrever? Devo escrever contra ou por alguma coisa? Às vezes, escrever se transforma em medo. Temo escrever, pois mal sei se as palavras que estou usando são minha salvação ou minha desonra. Parece que tudo ao meu redor era, e ainda é, colonialismo.

> Tínhamos médicos, professores, estadistas... Sim, mas em todos esses casos algo de insólito persistia. "Nós temos um professor de história senegalês. Ele é muito inteligente... Nosso médico é um *negro*. Ele é muito cordial." Era o professor *negro*, o médico *negro*; eu, que começava a fraquejar, tremia ao menor alarme. Sabia, por exemplo, que se um médico *negro* cometesse um erro, era o seu fim e o dos outros que o seguiriam. Na verdade, o que se pode esperar de um médico *negro*? Desde que tudo corresse bem, punham-no nas nuvens, mas atenção, nada de enganos, de forma alguma! O médico *negro* não saberá jamais a que ponto sua posição está próxima do descrédito (Fanon, 1967, p. 117).

Descrédito e desgraça, de fato, porque se parece estar dentro da "barriga da besta", diz Stuart Hall. Ele usa essa expressão

---

14. Um bom exemplo de como o conhecimento pode ser regulado é descrito em *Outlaw Culture*, de bell hooks (1994). hooks relata como o governo canadense impediu a publicação no Canadá de seu livro anterior *Black Looks: Race and Representation*, de 1992, alegando que o mesmo era literatura de "ódio" e encorajava o ódio racial. Após inúmeros protestos, o governo, por fim, lançou o livro, sugerindo que teria havido um mal-entendido. O que fica a partir desse exemplo é a mensagem de que as autoridades fazem o monitoramento e estão prontas para censurar os discursos das/os oprimidas/os.

para descrever a hora e o local específicos a partir dos quais ele escreve, como um intelectual *negro*. Essa é a sua posição de enunciação. Nascido e criado na Jamaica, ele viveu toda a sua vida adulta "na sombra da diáspora *negra*" (Hall, 1990, p. 223), dentro da *besta*, uma metáfora usada para designar a Inglaterra. Estar dentro da besta anuncia, de alguma forma, o lugar de perigo a partir do qual ele escreve e teoriza, o perigo de ser da margem e falar no centro.

A margem e o centro

A margem e o centro de que estou falando aqui referem-se aos termos *margem* e *centro* como usados por bell hooks. Estar na margem, ela argumenta, é ser parte do todo, mas fora do corpo principal. hooks vem de uma pequena cidade do estado de Kentucky, onde trilhos de trem eram lembranças diárias de sua marginalidade, lembretes de que ela estava realmente do lado de fora. Através daqueles trilhos se chegava no centro: lojas em que ela não podia entrar, restaurantes onde ela não podia comer e pessoas que ela não podia olhar nos olhos. Esse era um mundo onde ela poderia trabalhar como doméstica, criada ou prostituta, mas onde ela não podia viver; ela sempre tinha de retornar à margem. Havia leis para garantir seu retorno à periferia e severas punições para quem tentasse permanecer no centro.

Nesse contexto de marginalização, ela argumenta, mulheres *negras* e homens *negros* desenvolvem uma maneira particular de ver a realidade: tanto "de fora para dentro" quanto de "dentro para fora". Focamos nossa atenção tanto no centro como na margem, pois a nossa sobrevivência depende dessa consciência. Desde o início da escravização, nos tornamos especialistas em "leituras psicanalíticas do outro branca/o" (hooks, 1995, p. 31), e em como a supremacia *branca* é estruturada e executada. Em outras palavras, somos especialistas em branquitude crítica e em pós-colonialismo. Nesse sentido, a margem não deve ser vista apenas como um espaço periférico, um espaço de perda e privação, mas sim como um espaço de resistência e possibilidade. A margem se configura como um "espaço de abertura radical" (hooks, 1989, p. 149) e criatividade, onde novos discursos críticos se dão. É aqui que as fronteiras opressivas estabelecidas por categorias como "raça", gênero, sexualidade e dominação de classe são questionadas, desafiadas e desconstruídas. Nesse espaço crítico, "podemos imaginar perguntas que não poderiam ter sido imaginadas antes; podemos fazer perguntas que talvez não fossem feitas antes" (Mirza, 1997, p. 4), perguntas que desafiam a autoridade colonial do centro e os discursos hegemônicos dentro dele. Assim, a margem é um local que nutre nossa capacidade de resistir à opressão, de transformar e de imaginar mundos alternativos e novos discursos.

Falar sobre margem como um lugar de criatividade pode, sem dúvida, dar vazão ao perigo de romantizar a opressão. Em que medida estamos idealizando posições periféricas e ao fazê-lo minando a violência do centro? No entanto, bell hooks argumenta que este não é um exercício romântico, mas o simples reconhecimento da margem como uma posição complexa que incorpora mais de um local. A margem é tanto um local de repressão quanto um local de resistência (hooks, 1990). Ambos os locais estão sempre presentes porque *onde há opressão, há resistência*. Em outras palavras, a opressão forma as condições de resistência.

Um profundo niilismo e a destruição nos invadiriam se considerássemos a margem apenas uma marca de ruína ou de ausência de fala, em vez de um lugar de possibilidade. Stuart Hall, por exemplo, diz que quando ele escreve, *escreve contra*. Escrever contra significa falar contra o silêncio e a marginalidade criados pelo racismo. Essa é uma metáfora que ilustra a luta das pessoas colonizadas para acessar a representação dentro de regimes *brancos* dominantes. Escreve-se contra no sentido de se opor. bell hooks, entretanto, argumenta que se opor ou ser "contra" não é suficiente. Como escrevi na Introdução, é preciso criar novos papéis fora dessa ordem colonial. Isso é o que Malcolm X chamou de "descolonização de nossas mentes e imaginações": aprender a pensar e ver tudo com "novos olhos", a fim de entrar na luta como *sujeitos* e não como *objetos* (citado por hooks, 1994, p. 7). Esse processo de inventar de novo, argumenta bell hooks, emerge quando o indivíduo entende como:

> estruturas de dominação trabalham na sua própria vida, à medida que são desenvolvidos pensamento e consciência crítica, à medida que se inventam hábitos novos e alternativos de ser e à medida que se resiste a partir desse espaço marginal de diferença definido internamente. (hooks, 1990, p. 15)

É o entendimento e o estudo da própria marginalidade que criam a possibilidade de devir como um novo *sujeito*.

3. DIZENDO O INDIZÍVEL
DEFININDO O RACISMO

O racismo não falado

O racismo é uma realidade violenta. Por séculos, ele tem sido fundamental para o fazer político da Europa, começando com os projetos europeus de escravização, colonização, e para a atual "Fortaleza Europa". No entanto, o racismo é, muitas vezes, visto como um fenômeno periférico, marginal aos padrões essenciais de desenvolvimento da vida social e política e de alguma forma "localizado na superfície de outras coisas" (Gilroy, 1992, p. 52), como uma "camada de tinta", que pode ser "removida" facilmente. Essa imagem da "camada de tinta" ilustra a fantasia predominante de que o racismo é "algo" nas estruturas das relações sociais, mas não um determinante dessas relações. De modo tendencioso, o racismo é visto apenas como uma "coisa" externa, uma "coisa" do passado, algo localizado nas margens e não no centro da política europeia.

Por muitos anos, o racismo nem foi visto nem refletido como um problema teórico e prático significante nos discursos acadêmicos, resultando em um déficit teórico muito sério (Weiß, 1998). Por um lado, esse déficit enfatiza a pouca importância que tem sido dada ao fenômeno do racismo. E, por outro lado, revela o desrespeito em relação àqueles que experienciam o racismo.

A maioria dos estudos sobre racismo tem usado o que Philomena Essed chama de "macroperspectiva" (1991); preocupando-se com as estruturas sociais e políticas do racismo ou, tendencialmente, com a/o agressora/agressor, como é o caso da maioria das pesquisas sobre racismo realizadas na Alemanha. Agressoras/es racistas e membras/os de partidos de direita, escreve Paul Mecheril (1998), devem estar bastante satisfeitas/os com a extrema atenção que tanto a mídia quanto a academia lhes dão. Produz-se uma série de livros e desenvolvem-se treinamentos psicológicos, além de oficinas, discussões e seminários, para compreender as/os agressoras/es. As vítimas reais do racismo, no entanto, são rapidamente esquecidas. Esse desrespeito, ou melhor, essa omissão, espelha a desimportância dos *negros* como *sujeitos* políticos, sociais e individuais na política europeia.

A realidade experienciada do racismo, os encontros subjetivos, as experiências, as lutas, o conhecimento, a compreensão e os sentimentos dos *negros* no que diz respeito ao racismo, assim como as cicatrizes psíquicas que o racismo nos causa, têm sido amplamente negligenciados (Essed, 1990; 1991). Tais fatores só se tornam visíveis nas esferas públicas e acadêmicas quando a normalidade da cultura nacional *branca* é subitamente perturbada, quando nossas experiências com o racismo colocam em risco o conforto da sociedade *branca*. Nesse momento, nós e nossa realidade com o racismo nos tornamos visíveis, faladas/os e até mesmo escritas/os, não porque talvez possamos estar em perigo ou em risco, ou precisar de proteção legal, mas sim porque tal realidade desconfortável perturba a estável imunidade *branca*.

Na maioria dos estudos, nos tornamos visíveis não através de nossas próprias autopercepção e autodeterminação, mas sim através da percepção e do interesse político da cultura nacional *branca* dominante, como é observável na maioria dos estudos e debates sobre o racismo, que contêm "um ponto de vista branco" (Essed, 1991, p. 7). Nós somos, por assim dizer, fixadas/os e medidas/os a partir do exterior, por interesses específicos que satisfaçam os critérios políticos do *sujeito branco*, como amplamente discutido nos dois capítulos anteriores. Paul Mecheril (1997) ilustra esse processo de alienação de maneira bem-humorada, escrevendo que enquanto lê a revista *Spiegel*,[15] ele tem uma grande chance de aprender sobre si mesmo. A revista o informa que imigrantes e outros tipos de estrangeiras/os[16] são um grupo marginal na Alemanha que opera como uma bomba-relógio coletiva para a nação. Esta terminologia reflete o ponto de vista e os interesses políticos do grupo dominante em relação às/aos chamadas/os 'outras/os' alemãs/ães" – *die andere deutsche* –, mas não o ponto de vista das/os próprias/os 'outras/os' alemãs/ães". A metáfora da bomba-relógio denota a catástrofe emergente que as/os imigrantes parecem representar à nação. É essa calamidade imediata e a tragédia que cada imigrante ou *andere deutsche* incorpora nesse imaginário que nos coloca no centro da revista, na capa, foto incluída. Nós nos tornamos visíveis através do olhar e do vocabulário do *sujeito branco* que nos descreve: não são nossas palavras nem nossas vozes subjetivas impressas nas páginas da revista, mas sim o que representamos fantasmagoricamente para a nação *branca* e seus *verdadeiros* nacionais. Ao contrário desse quadro, estou preocupada neste livro com as experiências subjetivas de mulheres *negras* com o racismo.

---

15. Revista semanal alemã que trata de temas políticos e sociais da atualidade.
16. É usual classificar-se as/os cidadãs/ãos alemãs/ães com ascendência não alemã como "estrangeiras/os" (*Ausländer*).

Tornando-se os *sujeitos* falantes

Para nos aproximar da realidade vivenciada do racismo dentro desse contexto de descaso e objetificação, é necessária uma mudança de perspectiva, uma mudança chamada de *perspectiva do sujeito* (Mecheril, 1997, p. 37). Em um estudo como esse, o foco não deveria estar na construção de *sujeitos* como indivíduos, mas sim nas maneiras pelas quais é possível que indivíduos ajam como *sujeitos* em suas realidades sociais, e – como este estudo se ocupa exclusivamente de testemunhos de mulheres *negras* – na maneira pela qual é possível que mulheres *negras* alcancem o status de *sujeitos* no contexto do racismo genderizado.

De acordo com Paul Mecheril (2000), a ideia de *sujeito*, ou pelo menos o conceito idealizado do que é o *sujeito*, incorpora três diferentes níveis: o *político*, o *social* e o *individual*, que compõem as esferas da subjetividade. De modo ideal, uma pessoa alcança o status completo de *sujeito* quando ela, em seu contexto social, é reconhecida em todos os três diferentes níveis e quando se identifica e se considera reconhecida como tal.

O termo *sujeito*, contudo, especifica a relação de um indivíduo com sua sociedade; e não se refere a um conceito substancial, mas sim a um conceito relacional. Ter o status de *sujeito* significa que, por um lado, indivíduos podem se encontrar e se apresentar em esferas diferentes de intersubjetividade e realidades sociais, e por outro lado, podem participar em suas sociedades, isto é, podem determinar os tópicos e anunciar os temas e agendas das sociedades em que vivem. Em outras palavras, elas/eles podem ver seus interesses individuais e coletivos reconhecidos, validados e representados oficialmente na sociedade – o status absoluto de *sujeito*. O racismo, no entanto, viola cada uma dessas esferas, pois pessoas *negras* e Pessoas de Cor não veem seus interesse políticos, sociais e individuais como parte de uma agenda comum. Como o racismo afeta, então, o status de subjetividade de uma pessoa?

Definindo o racismo

No racismo estão presentes, de modo simultâneo, três características: a primeira é *a construção de/da diferença*. A pessoa é vista como "diferente" devido a sua origem racial e/ou pertença religiosa. Aqui, temos de perguntar: quem é "diferente" de quem? É o *sujeito negro* "diferente" do *sujeito branco* ou o contrário, é o *branco* "diferente" do *negro*? Só se torna "diferente" porque se "difere" de um grupo que tem o poder de se definir como norma – a norma *branca*. Todas/os aquelas/es que não são brancas/os são construídas/os então como "diferentes". A branquitude é construída como ponto de referência a partir do qual todas/os as/os "*Outras/os*" raciais "diferem". Nesse sentido, não se é "diferente", torna-se "diferente" por meio do processo de discriminação.

A segunda característica é: essas diferenças construídas *estão inseparavelmente ligadas a valores hierárquicos*. Não só o indivíduo é visto como "diferente", mas essa diferença também é articulada através do estigma, da desonra e da inferioridade. Tais valores hierárquicos implicam um processo de naturalização, pois são aplicados a todos os membros do mesmo grupo que chegam a ser vistas/os como "a/o problemática/o", "a/o difícil", "a/o perigosa/o", "a/o preguiçosa/o", "a/o exótica/o", "a/o colorida/o" e "a/o incomum". Esses dois últimos processos – a construção da diferença e sua associação com uma hierarquia – formam o que também é chamado de *preconceito*.

Por fim, ambos os processos são acompanhados pelo *poder*: histórico, político, social e econômico. É a combinação do preconceito e do poder que forma o racismo. E, nesse sentido, o *racismo é a supremacia branca*. Outros grupos raciais não podem ser racistas nem performar o racismo, pois não possuem esse poder. Os conflitos entre eles ou entre eles e o grupo dominante *branco* têm de ser organizados sob outras definições, tais como preconceito. O racismo, por sua vez, inclui a dimensão do poder e é revelado através de diferenças globais na partilha e no acesso a recursos valorizados, tais como representação política, ações políticas, mídia, emprego, educação, habitação, saúde, etc. Quem pode ver seus interesses políticos representados nas agendas nacionais? Quem pode ver suas realidades retratadas na mídia? Quem pode ver sua história incluída em programas educacionais? Quem possui o quê? Quem vive onde? Quem é protegida/o e quem não é?

Discursos oficiais e acadêmicos na Alemanha evitaram usar o termo racismo e, no lugar, usaram termos como *Fremdenfeindlichkeit* (aversão ao desconhecido; xenofobia) e *Ausländerfeindlichkeit* (aversão a estrangeiras/os; xenofobia). Esses termos, no entanto, são insatisfatórios porque não explicam que o problema central do racismo não é a existência de diversidade e de pessoas diferentes, indica a desigualdade existente entre elas.

Não estamos lidando aqui com uma questão de nacionalidade (nacionais ou não nacionais),[17] tampouco com sentimentos (inimizade, aversão ou simpatia), mas sim com o poder.

Racismo estrutural

O racismo é revelado em um nível estrutural, pois pessoas *negras* e *People of Color* estão excluídas da maioria das estruturas sociais e políticas. Estruturas oficiais operam de uma maneira que privilegia manifestadamente seus *sujeitos brancos*, colocando membros de outros grupos racializados em uma desvantagem visível, fora das estruturas dominantes. Isso é chamado de *racismo estrutural*.

Racismo institucional

Como o termo "instituição" implica, o racismo institucional enfatiza que o racismo não é apenas um fenômeno ideológico, mas também institucionalizado. O termo se refere a um padrão de tratamento desigual nas operações cotidianas tais

---

17. O termo *Ausländerfeindlichkeit* constrói certas/os nacionais como *AusländerIn* (estrangeiro/a) e, por sua vez, como um grupo unificado que vivencia o racismo. No entanto, é senso comum que um francês branco ou britânico branco não compartilham a experiência de racismo com um angolano ou britânico *negro*. Ademais, nacionais tais como afro-alemã/e/s ou turco-alemã/e/s experienciam o racismo, mas não são estrangeiros/as (*AusländerInnen*).

como em sistemas e agendas educativas, mercados de trabalho, justiça criminal, etc. O racismo institucional opera de tal forma que coloca os *sujeitos brancos* em clara vantagem em relação a outros grupos racializados.

Racismo cotidiano

O racismo cotidiano refere-se a todo vocabulário, discursos, imagens, gestos, ações e olhares que colocam o *sujeito negro* e as Pessoas de Cor não só como "*Outra/o*" – a diferença contra a qual o *sujeito branco* é medido – mas também como Outridade, isto é, como a personificação dos aspectos reprimidos na sociedade *branca*. Toda vez que sou colocada como "outra" – seja a "outra" indesejada, a "outra" intrusa, a "outra" perigosa, a "outra" violenta, a "outra" passional, seja a "outra" suja, a "outra" excitada, a "outra" selvagem, a "outra" natural, a "outra" desejável ou a "outra" exótica –, estou inevitavelmente experienciando o racismo, pois estou sendo forçada a me tornar a personificação daquilo com o que o *sujeito branco* não quer ser reconhecido. Eu me torno a/o "*Outra/o*" da branquitude, não o *eu* – e, portanto, a mim é negado o direito de existir como igual.

No racismo cotidiano, a pessoa *negra* é usada como tela para projeções do que a sociedade *branca* tornou tabu. Tornamo-nos um depósito para medos e fantasias *brancas* do domínio da agressão ou da sexualidade. É por isso que, no racismo, a pessoa *negra* pode ser percebida como "intimidante" em um minuto e "desejável" no minuto seguinte, e vice-versa;

"fascinantemente atraente" a princípio, e depois "hostil" e "dura". Em termos freudianos, os dois aspectos da "agressão" e da "sexualidade" categorizam a organização psicológica de um indivíduo. Na sociedade *branca*, no entanto, esses dois aspectos da "agressão" e da "sexualidade" têm sido reprimidos e reprojetados de forma massiva em outros grupos raciais. Tais processos de repressão e projeção permitem que o *sujeito branco* escape de sua historicidade de opressão e se construa como "civilizado" e "decente", enquanto "*Outras/os*" raciais se tornam "incivilizadas/os" (agressivos) e "selvagens" (sexualidade). O *sujeito negro* é percebido como um ou como outro, através das seguintes formas:

Infantilização: O *sujeito negro* torna-se a personificação do dependente – o menino, a menina, a criança ou a/o serva/o assexuada/o – que não pode sobreviver sem o senhor.

Primitivização: O *sujeito negro* torna-se a personificação do incivilizado – a/o selvagem, a/o atrasada/o, a/o básica/o ou a/o natural –, aquele que está mais próximo da natureza.

Incivilização: O *sujeito negro* torna-se a personificação do outro violento e ameaçador – a/o criminosa/o, a/o suspeita/o, a/o perigosa/o –, aquele que está fora da lei.

Animalização: O *sujeito negro* torna-se a personificação do animal – a/o selvagem, a/o primata, a/o macaca/o, a figura do "King Kong" –, outra forma de humanidade.

Erotização: O *sujeito negro* torna-se a personificação do sexualizado, com um apetite sexual violento: a prostituta, o cafetão, o estuprador, a/o erótica/o e a/o exótica/o.

O vocabulário, por exemplo, me coloca como "Outra" quando nas notícias ouço falarem sobre "imigrantes ilegais".

Discursos me colocam como "*Outra*" quando dizem que não posso ser daqui porque sou *negra*. Imagens me colocam como "*Outra/o*" quando ando pela rua e me vejo cercada por anúncios com rostos *negros* e palavras apelativas como "Ajuda". Gestos me posicionam como "*Outra*" quando na padaria a mulher *branca* ao meu lado tenta ser atendida antes de mim. Ações me colocam como "*Outra*" quando sou monitorada pela polícia assim que chego a uma estação de trem. Olhares me colocam como "*Outra*" quando as pessoas olham fixamente para mim. Toda vez que sou colocada como "*Outra*", estou experienciando o racismo, porque eu não sou "outra". Eu sou eu mesma.

O termo "cotidiano" refere-se ao fato de que essas experiências não são pontuais. O racismo cotidiano não é um "ataque único" ou um "evento discreto", mas sim uma "constelação de experiências de vida", uma "exposição constante ao perigo", um "padrão contínuo de abuso" que se repete incessantemente ao longo da biografia de alguém – no ônibus, no supermercado, em uma festa, no jantar, na família.

Decidindo pela pesquisa centrada em *sujeitos*

Nas dinâmicas do racismo, nós nos tornamos *sujeitos* incompletos. *Sujeitos* incompletos não são iguais a *sujeitos* completos; os últimos "mantêm o poder (...) para pôr em prática sua própria ideia de superioridade e a sensação de serem mais merecedores de certos direitos e privilégios" (Essed, 1990, p. 10). O racismo, portanto, funciona para justificar e legitimar a exclusão de "*Outras/os*" raciais de certos direitos. Aquelas que falam neste livro são "*sujeitos* incompletos" no sentido de que são excluídas de possuir certas esferas de subjetividade reconhecidas, a saber: a política, social e individual. Essa compreensão idealizada de "*sujeito*" ecoa neste estudo em ambos os níveis, empírico e teórico. Este trabalho é um espaço para performar a subjetividade, para reconhecer mulheres *negras*, em particular, e pessoas *negras* em geral, como *sujeitos* desta sociedade – em todos os sentidos reais da palavra.

Metodologicamente, este estudo busca entender, reconstruir e recuperar experiências de mulheres *negras* com o racismo em uma sociedade *branca* patriarcal, levando em consideração as construções de gênero e o impacto do gênero nas formas e nas experiências de racismo. Para realizar esse propósito e considerando as preocupações políticas e epistemológicas já mencionadas, defendo a necessidade de guiar meu estudo como uma pesquisa centrada em *sujeitos*[18] (Mecheril, 1997, 2000), utilizando entrevistas narrativas biográficas com mulheres *negras* que recordam suas histórias pessoais dentro de estruturas racistas e através de narrativas de experiências da vida real na Alemanha. A *pesquisa centrada em sujeitos*, como argumenta Paul Mecheril (1997, p. 33) em seu trabalho pioneiro sobre o racismo cotidiano, examina as experiências, auto-percepções e negociações de identidade descritas pelo *sujeito* e pela perspectiva do *sujeito*. Tem-se o direito de ser um *sujeito* – político, social e individual – em vez da materialização

---

18. Tradução do termo *Subjektorientierte Untersuchung* (Mecheril, 1997; 2000).

da Outridade, encarcerada no reino da objetividade. Isso só se torna concebível quando existe a possibilidade de expressar a própria realidade e as experiências a partir de sua própria percepção e definição, quando se pode (re)definir e recuperar a própria história e realidade. Se as mulheres *negras*, bem como outros grupos marginalizados, têm o direito capital, em todos os sentidos do termo, de ser reconhecidas como *sujeitos*, então também devemos ter esse direito reconhecido dentro de processos de pesquisa e de discursos acadêmicos. Esse método de focar no *sujeito* não é uma forma privilegiada de pesquisa, mas um conceito necessário.

Todas as três formas de desrespeito – político, social e individual – têm grande importância na vida das pessoas *negras* nas sociedades dominadas por *brancas/os*, porque tornam a nossa realidade real. Além disso, elas são reproduzidas nos discursos acadêmicos através de epistemologias e métodos que colocam as vozes de grupos marginalizados como secundárias, privando-nos do direito à autorrepresentação. Isso, decerto, reforça a importância da realização de *pesquisas centradas em sujeitos*, as assim chamadas *study up* (Lofland e Lofland, 1984; citado em Essed, 1991).

Em um "*study up*", pesquisadoras/es investigam membros de seu próprio grupo social, ou pessoas de status similares, como forma de retificar a reprodução constante do *statu quo* dentro da produção de conhecimento (Essed, 1991; Mama, 1995). Fazer pesquisa entre iguais tem sido fortemente encorajado por feministas, por representar as condições ideais para relações não hierárquicas entre pesquisadoras/es e informantes, ou seja, onde há experiências compartilhadas, igualdade social e envolvimento com a problemática. Por exemplo, foi mostrado repetidamente que informantes *negras/os* são reticentes em discutir suas experiências de racismo com uma/um entrevistadora/entrevistador *branca/o* (Essed, 191). O conceito de pesquisa "*study up*" complementa o conceito de pesquisa "centrada em *sujeitos*" descrito anteriormente, pois ambos rejeitam o distanciamento dos "objetos de pesquisa". Minha posição como intelectual não é a de um *sujeito* distante olhando para seus "objetos pesquisados", mas sim de uma "subjetividade consciente" (Essed, 1991, p. 67). Isso não significa que eu aceito sem críticas todas as declarações das/os entrevistadas/os, mas sim que eu respeito totalmente seus relatos acerca do racismo e mostro interesse genuíno em eventos ordinários da vida cotidiana. Essa atitude de "subjetividade consciente", explica Philomena Essed, permite pedir às/aos entrevistadas/os para "qualificar declarações específicas e entrar em detalhes sem induzir reações defensivas da parte delas/es" (Essed, 1991, p. 67). Por conseguinte, não concordo com o ponto de vista tradicional de que o distanciamento emocional, social e político é sempre uma condição favorável para a pesquisa, melhor que o envolvimento mais pessoal. Ser uma pessoa "de dentro" produz uma base rica, valiosa em pesquisas centradas em *sujeitos*.

A escolha na pesquisa de mulheres *negras* de idade e classe semelhantes às minhas torna possível gerar conhecimento a partir de relações de poder mais igualitárias entre pesquisadora e pesquisada.

As entrevistadas

Dois grupos similares de mulheres foram entrevistados: três afro-alemãs e três mulheres de ascendência africana que vivem na Alemanha: uma ganense, uma afro-brasileira e uma afro-estadunidense. A seleção foi baseada não na nacionalidade, mas no fato de que todas essas mulheres, assim como eu, eram *negras*. Elas eram mulheres africanas ou da Diáspora Africana vivendo na Alemanha.

Para encontrar as entrevistadas escrevi um pequeno anúncio falando do meu projeto de pesquisa em alemão, inglês e português (minha língua materna). Usei três critérios: (1) enviei o anúncio a diversas organizações africanas e/ou afrodiaspóricas, instituições culturais, grupos de estudantes, etc; (2) usei referências dos meus contatos pessoais; e (3) referências dos meus contatos profissionais. As entrevistadas teriam de ter entre 25 e 45 anos. Assim, a diversidade poderia ser obtida de diferentes maneiras.

Após conduzir todas as entrevistas, escolhi analisar apenas duas delas: as entrevistas com Alicia, uma mulher afro--alemã de 33 anos, e com Kathleen, uma mulher afro-estadunidense de 27 anos que vive na Alemanha. A escolha se deu pelo simples fato de ambas oferecerem informações muito ricas e variadas acerca de suas realidades e vivências com o racismo. Apesar de as outras quatro mulheres terem fornecido informações importantes sobre o racismo cotidiano, suas narrativas não eram tão ricas e diversas quanto as de Alicia e Kathleen. No intuito de evitar material repetitivo, decidi trabalhar intensivamente apenas com duas das seis entrevistadas, pois as mesmas revelaram informações muito vastas acerca do racismo cotidiano.

Enquanto as outras quatro entrevistadas ofereceram material esporádico, Alicia e Kathleen forneceram materiais contínuos sobre o racismo cotidiano, tornando possível usar as entrevistas inteiras. Suas entrevistas cobriram tanto o assunto dado para as outras entrevistadas, como temas adicionais. Além disso, como Kathleen estava na época envolvida ativamente em um projeto sobre formas criativas de lidar com isolamento de pessoas *negras* em um cenário *branco*, ela também se colocou como especialista, contribuindo imensamente para a análise do racismo cotidiano.

As entrevistas

Para a pesquisa empírica, usei entrevistas *não diretivas* baseadas em *narrativas biográficas*. A abordagem da *narrativa biográfica* permite não apenas aprender sobre as experiências atuais de racismo dos entrevistados, mas também que as entrevistadas criem uma *gestalt* sobre a realidade do racismo em suas vidas. Possibilitando a reconstrução da experiência *negra* dentro do racismo.

É extremamente importante ter essa perspectiva biográfica ao trabalhar com o fenômeno do racismo porque a experiência do racismo não é um acontecimento momentâneo ou pontual, é uma experiência contínua que atravessa a biografia do indivíduo, uma experiência que envolve uma memória histórica de opressão racial, escravização e colonização.

A entrevista *não diretiva* permite à/ao entrevistadora/ entrevistador incentivar as/os entrevistadas/os a falar sobre um determinado tópico com um mínimo de questionamento direto ou orientação. Nesse sentido, as/os entrevistadas/os têm a chance de falar livremente sobre suas experiências com o racismo e fazer associações livres entre tais experiências e outras questões que elas/eles acreditam ser relevantes para as suas experiências com o racismo (Essed, 1991). Durante as entrevistas, por exemplo, duas das mulheres falaram dos suicídios de suas mães e os relacionaram ao racismo, enquanto uma terceira falou sobre o suicídio de uma amiga. Através da livre associação chegamos a entender que os suicídios estavam, do ponto de vista dessas entrevistadas, relacionados com a experiência do racismo – resultado da invisibilidade e da exclusão da amiga e das mães. A questão de o suicídio ser tão excessivamente presente nessas diferentes biografias da Diáspora Africana dá origem também a uma nova perspectiva sobre o que é vivenciar o racismo.

Desse modo, a entrevista narrativa biográfica não diretiva permite às/aos entrevistadas/os definir sua realidade subjetiva e a experiência com o racismo em suas vidas. Isso não significa que eu como acadêmica não tenha algum controle sobre a estrutura geral da entrevista. Usei um esquema global de entrevista mínima. O cronograma das entrevistas foi baseado nos principais grupos de informações que eu queria estudar:[19]

---

19. Neste estudo, as interpretações sobre o racismo são reconstruídas através da análise dos relatos reunidos nas entrevistas não diretivas.

(i) percepções de identidade racial e racismo na infância;
(ii) percepções gerais de racismo e questões raciais na família;
(iii) experiências pessoais e vicárias de racismo na vida cotidiana;
(iv) percepções de si em relação a outras pessoas *negras*;
(v) percepções de branquitude no imaginário *negro*;
(vi) percepções de beleza feminina *negra* e questões relacionadas ao cabelo;
(vii) percepções da feminilidade *negra*;
(viii) a sexualização das mulheres *negras*.

As entrevistas duraram de três a três horas e meia. Pode-se provavelmente conseguir mais dados de entrevistas mais longas, mas não seria realista processar tanta informação em um projeto. Além disso, como mencionei anteriormente, uma longa série de entrevistas não produziria uma reconstrução completa da realidade do racismo cotidiano na vida de uma única mulher *negra* nesta sociedade. Outra vantagem de apenas uma entrevista por entrevistada foi que eu poderia trabalhar com relatos espontâneos e também evitar as usuais variações e repetições em histórias.

As entrevistas foram realizadas em inglês, alemão e português, de acordo com a escolha das entrevistadas. Foi importante para mim que as entrevistadas tivessem a chance de falar em um idioma com o qual se sentissem confortáveis, para que não precisassem articular experiências tão pessoais em um idioma desconfortável. A maioria das entrevistas ocorreu na minha casa.

As análises

Não há um modelo normativo que descreva os passos ideais envolvidos na análise de dados sobre o racismo cotidiano (Essed, 1991). Portanto, não selecionei excertos de acordo com uma técnica de seleção predefinida. Na verdade, escolhi transcrever cada entrevista e depois selecionar episódios baseados nos tópicos centrais das experiências com o racismo como contados pelas entrevistadas por meio de suas biografias. Chamo essa forma de análise de *episódica*.

O racismo cotidiano acontece em um contexto particular; tem objetivos particulares e envolve atores e atrizes ou condições sociais particulares. Uma análise episódica descreve os diferentes contextos nos quais o racismo é performado, criando uma sequência de cenas do racismo cotidiano. A composição de vários episódios revela não apenas a complexidade de experienciar o racismo – seus cenários diversos, atores e temas –, mas também sua presença ininterrupta na vida de um indivíduo. Essa forma de análise episódica também me permite escrever com um estilo similar à forma de contos, que, como descrito anteriormente, transgride o modo acadêmico tradicional.

Dividi as entrevistas em episódios e para cada episódio selecionado usei um título que revelasse o contexto e o conteúdo do racismo. Todos os títulos se originaram de uma citação da narração de alguma das entrevistadas e, por vezes, são seguidos por um subtítulo que ajuda a identificar a questão teórica. Por exemplo, em "(...) Querem ouvir uma história exótica" – Voyeurismo e o prazer da Outridade, o título-citação é sobre como solicitam frequentemente à entrevistada que conte uma história que a coloque fora da nação alemã como a "Outra" aprazível e exótica, enquanto o subtítulo indica os temas teóricos. Nesse sentido, os títulos revelam o que as entrevistadas definem como racismo cotidiano, bem como seus respectivos conteúdos teóricos.

Na tradição dos escritos de Fanon e de "*outras/os*" intelectuais *negras/os* como bell hooks, optei por uma interpretação fenomenológica em vez de abstrata. Neste trabalho, não estou preocupada em abstrair o que o voyeurismo ou o desejo são, estou interessada na descrição do fenômeno em si: Como o desejo está sendo realizado na cena? E como é o desejo experienciado pelo *sujeito* que está falando? Qual parece ser a função do desejo no âmbito do racismo cotidiano? A partir de uma observação atenta, descrevo o fenômeno em detalhes, mas não necessariamente para abstraí-lo. O exercício da abstração é, evidentemente, uma dimensão muito importante da produção de conhecimento; neste trabalho, no entanto, decidir abstrair as experiências subjetivas do racismo cotidiano poderia ser problemático na medida em que resultaria em uma imposição da terminologia à experiência e da objetividade à subjetividade. Abstrair os relatos subjetivos de mulheres *negras* poderia facilmente se tornar uma forma de silenciar suas vozes no intuito de objetivá-las sob terminologias universais. Isso não produziria subjetividade, mas em vez disso reproduziria a forma dominante de produção de conhecimento. Por esse motivo, optei conscientemente por analisar as entrevistas em um nível fenomenológico.

Não vejo isso como um déficit, mas como uma forma de interpretação que dá espaço a novas linguagens e a novos discursos, e que está preocupada com a produção de subjetividade e não com a produção de conhecimento universal. "Eu não sou uma potencialidade de algo," escreve Fanon, "sou plenamente o que sou. Não tenho de recorrer ao universal " (1967, p. 135). Enquanto tradicionalmente o *sujeito branco* escreveria: "Eu sou uma potencialidade de algo, eu não sou totalmente o que sou. Eu tenho de procurar pelo universal" – Eu estive em todos os lugares e toquei em tudo. Em oposição à erudição dominante *branca*, Fanon não se vê como a personificação do absoluto, do poderoso. Como um homem *negro*, ele não está procurando o universal; ele simplesmente descreve o que vê. Em seus escritos ele nos convida para o seu universo, não para o universal, e essa subjetividade é uma dimensão importante de discursos marginais e uma forma criativa de descolonização do conhecimento. Ao optar por uma interpretação fenomenológica, acredito estar transformando novamente configurações de conhecimento e poder.

Os capítulos das entrevistas consistem em análises interpretativas baseadas em teoria psicanalítica e pós-colonial. Criei, assim, um diálogo entre a teoria psicanalítica de Fanon e o pós-colonialismo. Mais especificamente, este estudo abrange a teoria psicanalítica de Frantz Fanon sobre o colonialismo e o racismo, fornecendo um quadro sistemático para a análise dos traumas cotidianos e dos custos psíquicos da desigualdade racial para a subjetividade. Além disso, a teoria psicanalítica de Fanon está profundamente preocupada com a diferença racial e sexual dentro de um esquema colonial, fornecendo percepções importantes na análise de dados. Por várias razões, a teoria pós-colonial oferece o enquadramento apropriado para a análise de políticas de "raça" e de gênero, políticas coloniais e estratégias políticas de descolonização. Ambas as abordagens se tornam complementares para a compreensão de experiências individuais e coletivas de mulheres *negras* com o racismo.

Argumento que é válido olhar para experiências individuais e para relatos subjetivos acerca do racismo cotidiano para que compreendamos a memória histórica e coletiva. Como Philomena Essed enfatiza, analisar experiências do racismo cotidiano é estabelecer conexões entre interpretações de experiências subjetivas e a organização de categorias referentes ao racismo. Isso significa que "as características das entrevistas são vistas como indicações (preliminares) da definição e explicações atributivas do racismo cotidiano" (Essed, 1991, p. 69).

Minha decisão sobre quais dados eram relevantes para experiências ou eventos específicos deu-se baseada tanto na definição das entrevistadas quanto na comparação de características do evento com outros casos relevantes. Isso serviu para aumentar a probabilidade que um certo evento se configurava um exemplo do racismo cotidiano. Análises sobre experiências ou eventos específicos foram geralmente baseados em dois tipos de julgamento heurístico: a partir de teorias anteriores ou expectativas sobre racismo e questões raciais; e na comparação de características do evento narrado com outros casos relevantes para então avaliar a probabilida-de de um determinado evento ser um exemplo de racismo. O objetivo da análise foi identificar as seguintes informações das entrevistas:

(i) políticas espaciais;
(ii) políticas do cabelo;
(iii) políticas sexuais;
(iv) políticas da pele;
(v) cicatrizes psicológicas impostas pelo racismo cotidiano;
(vi) estratégias psicológicas para curar-se do e/ou superar o racismo cotidiano;
(vii) estratégias de resistência.

4. RACISMO GENDERIZADO
"(...) VOCÊ GOSTARIA DE LIMPAR NOSSA CASA?" – CONECTANDO "RAÇA" E GÊNERO

"Você gostaria de limpar nossa casa?"

Quando eu tinha entre 12 e 13 anos, fui ao médico por causa de uma gripe. Após a consulta, ao me dirigir à porta, ele, de repente, me chamou. Ele estivera olhando para mim, e disse que havia tido uma ideia. Ele, sua esposa e dois filhos, de aproximadamente 18 e 21 anos, estavam indo viajar de férias. Haviam alugado uma casa no sul de Portugal, em algum lugar no Algarve, e ele estava pensando que eu poderia ir com eles. O médico então propôs que eu cozinhasse as refeições diárias da família, limpasse a casa e eventualmente lavasse suas roupas. "Não é muito," disse ele, "alguns shorts, talvez uma camiseta e, claro, nossas roupas íntimas!" Entre essas tarefas, ele explicou, eu teria tempo suficiente para mim. Eu poderia ir à praia, "e fazer o que você quiser," insistiu. Ele tinha máscaras africanas decorando o outro lado do consultório, eu devo ter olhado para elas. "Elas são de Guiné-Bissau!", disse ele. "Eu trabalhei lá... como médico!" Olhei para ele, calada. Eu realmente não me lembro se fui capaz de dizer algo. Acho que não. Mas me lembro de sair do consultório em um estado de vertigem e de vomitar, após ter me distanciado de lá algumas ruas, antes de chegar em casa. *Estava diante de algo irracional.*

Nesse cenário, a jovem menina não é vista como uma criança, mas sim como uma servente. O homem transformou nossa relação médico/paciente em uma relação senhor/servente: de paciente eu me tornei a servente *negra*, assim como ele passou de médico a um senhor *branco* simbólico, uma construção dupla, ambas fora e dentro. Nessas construções binárias a dimensão do poder entre as oposições é duplamente invertida. Não se trata apenas de "paciente *negra*, médico *branco*" ou "paciente mulher, médico homem". Trata-se de uma relação "paciente mulher *negra*, médico homem *branco*" – o duplo poder de um em relação à outra e "se refletindo nas estruturas da Outridade, complexificando suas políticas" (Hall, 1992, p. 256). Parece que estamos presas/os em um dilema teórico: é racismo ou sexismo?

Pode-se colocar o problema da subestimação em um contexto de gênero, desde que eu – uma menina – fora interpelada sobre a possibilidade de me tornar uma trabalhadora doméstica de um homem adulto, após uma consulta médica. Essa cena, no entanto, acontece nos âmbitos tanto da diferença racial quanto da de gênero, já que o médico não é apenas homem; ele é um homem *branco* e eu não sou apenas uma menina, mas uma menina *negra*.

Esse encontro revela como "raça" e gênero são inseparáveis. "Raça" não pode ser separada do gênero nem o gênero pode ser separado da "raça". A experiência envolve ambos porque construções racistas baseiam-se em papéis de gênero e vice-versa, e o gênero tem um impacto na construção de "raça" e na experiência do racismo. O mito da mulher *negra* disponível, o homem *negro* infantilizado, a mulher muçulmana oprimida, o homem muçulmano agressivo, bem como o mito da mulher branca emancipada ou do homem branco liberal são exemplos de como as construções de gênero e de "raça" interagem.

Analiticamente, é difícil determinar em detalhes o impacto específico tanto da "raça" quanto do gênero, porque ambos estão sempre entrelaçados. Mas o que aconteceria se mudássemos a "raça" e o gênero das personagens? E se o cenário fosse composto por um homem *branco* e uma menina *branca*? Ele teria perguntado se ela serviria a ele e a sua família? Ele teria considerado a menina *branca* uma servente? Ou apenas uma criança? E se a ênfase estava no gênero, então como a esposa, uma mulher como eu, poderia me "possuir" como serva e não ser uma serva ela mesma? Se como mulheres nós somos iguais, como ela poderia se tornar minha sinhá virtual e eu a *escrava* figurativa? Quanto sua ausência teria um papel ativo na minha servidão? E o que dizer sobre a filha, que é referida na proposta, como ela, sendo mais velha, é protegida como uma criança enquanto a menina *negra*, muito mais jovem que ela, é explorada como uma adulta? Não é que a emancipação tanto da esposa *branca* quanto da filha *branca* tenha se dado à custa da menina *negra*, mas quem é convidada a servi-las de graça?

E se o médico fosse um homem *negro*, ele teria perguntado a uma menina *branca*, sua paciente, se ela se tornaria sua servente durante suas férias? Ele teria pedido que ela cozinhasse para ele e para sua família e lavasse suas roupas, enquanto eles brincavam na praia? Ou ao contrário: Se fosse uma médica *negra*, ela teria perguntado a uma menina *branca* se queria trabalhar para ela em sua residência? Ela teria insistido que a menina *branca* se juntasse a sua família na condição de servente? Tal fantasia colonial poderia ocorrer no consultório de uma/um médica/o *negra/o*? E se fosse uma médica *branca* e um menino *negro* como paciente, teria sido possível que no final da consulta ela perguntasse a ele se queria servi-la? Muito possivelmente.

Embora exista uma intersecção complexa entre "raça" e gênero, trocar a "raça" das personagens, mais do que mudar o gênero, alteraria profundamente o conjunto de relações de poder. Todas as personagens *brancas* teriam permanecido protegidas, ao contrário de todas as personagens *negras*. Portanto, pode-se concluir que muitas, se não a maioria, das experiências pessoais com o racismo, são formas de "racismo de gênero" (Essed, 1991, p. 5). Neste capítulo pretendo examinar as conexões entre "raça", gênero e racismo. Em outras palavras, conceituarei o racismo genderizado.

Homem *negro vs.* mulher *branca* e a ausência de mulheres *negras*

A maior parte da literatura sobre o racismo falhou em abordar a posição específica das mulheres *negras* e as formas pelas quais questões de gênero e sexualidade se relacionam a questões de "raça". O racismo condicionou as vidas de pessoas *negras* de tal forma que a "raça", muitas vezes, é considerada "o único aspecto relevante de nossas vidas e a opressão de gênero torna-se insignificante à luz da realidade mais dura e atroz do racismo" (hooks, 1981, p. 1). Uma grande parte das políticas *negras* construiu seus *sujeitos* em torno de concepções de masculinidade heterossexual *negra*. A construção do *sujeito negro* como "masculino" é problemática porque invisibiliza experiências de mulheres e pessoas LGBTTQIA+ *negras*. Essa conceituação simplesmente transforma o conceito clássico "homem *branco* heterosexual" em "homem *negro* heterossexual", sendo "raça" a única categoria alterada. Nesse sentido, intelectuais *negras* e/ou intelectuais LGBTTQIA+ *negrxs*, nos últimos anos, questionaram tal conceituação, cruzando o racismo com questões de gênero e sexualidade no que tem sido chamado de "nova política de representação" (Hall, 1992) ou "novas políticas culturais da diferença" (West, 1995).

No entanto, a literatura feminista ocidental também falhou em reconhecer que o gênero afeta as mulheres de outros grupos racializados de formas diferentes das que atingem mulheres *brancas*, tornando as mulheres *negras* invisíveis. Nos discursos feministas ocidentais, o conceito dominante de "homem *branco* heterossexual" tornou-se "mulher *branca* heterossexual". Somente uma categoria mudou em oposição ao seu inverso de homem para mulher, mantendo sua estrutura racial conservadora: *branca*.

Definindo o racismo genderizado

Mulheres *negras* têm sido, portanto, incluídas em diversos discursos que mal interpretam nossa própria realidade: um debate sobre racismo no qual o *sujeito* é o homem *negro*; um discurso genderizado no qual o *sujeito* é a mulher *branca*; e um discurso de classe no qual "raça" não tem nem lugar. Nós ocupamos um lugar muito crítico dentro da teoria.

Por conta dessa falta ideológica, argumenta Heidi Safia Mirza (1997), as mulheres *negras* habitam um espaço vazio, um espaço que se sobrepõe às margens da "raça" e do gênero, o chamado "terceiro espaço". Habitamos uma espécie de vácuo de apagamento e contradição "sustentado pela polarização do mundo em *negros* de um lado e mulheres do outro" (Mirza, 1997, p. 4). Nós no meio. Este é, de fato, um sério dilema teórico, em que os conceitos de "raça" e gênero se fundem estreitamente em um só. Tais narrativas separadas mantêm a invisibilidade das mulheres *negras* nos debates acadêmicos e políticos.

A realidade da mulher *negra*, no entanto, é um fenômeno híbrido, como Philomena Essed (1991) argumenta. Um fenômeno que atravessa várias concepções de "raça" e de gênero, nossa realidade só pode ser abordada de forma adequada quando esses conceitos são levados em conta. Para incluir as duas categorias, algumas/alguns autoras/es, como Joe Feagin e Yanick St. Jean (1998) falaram de "duplo fardo" (*double burden*) para descrever a realidade de mulheres *negras* e de "raça" e gênero. "*Outras/os*" autoras/es falam de um "triplo fardo" (*triple burden*) para designar a posição de mulheres *negras* na sociedade (Westwood, 1984, citado em Anthias e Yuval-Davis), no sentido de que mulheres *negras* experienciam racismo, sexismo e/ou lesbofobia – posicionando-nos em uma dimensão dupla ou tripla.

Esses termos são, no entanto, insuficientes porque tratam formas diferentes de opressão – tais como o racismo, o sexismo e a lesbofobia – como cumulativas em vez de interseccionais. As intersecções das formas de opressão não podem ser vistas como uma simples sobreposição de camadas, mas sim como a "produção de efeitos específicos" (Anthias e Yuval-Davis, 1992, p. 100). Formas de opressão não operam em singularidade; elas se entrecruzam. O racismo, por exemplo, não funciona como uma ideologia e estrutura distintas; ele interage com outras ideologias e estruturas de dominação como o sexismo (Essed, 1991; hooks, 1989).

Nesse sentido, o impacto simultâneo da opressão "racial" e de gênero leva a formas de racismo únicas que constituem experiências de mulheres *negras* e outras mulheres racializadas. Suas manifestações, explica Philomena Essed, se sobrepõem a algumas formas de sexismo contra mulheres *brancas* e racismo contra homens *negros*. Portanto, é útil falar em *racismo* genderizado (Essed, 1991, p. 30) para se referir à opressão racial sofrida por mulheres *negras* como estruturada por percepções racistas de papéis de gênero.

Racismo *vs.* sexismo

Devido ao fato de que muitos debates contemporâneos abordaram a relação entre "raça" e gênero como paralela, há uma tendência a equiparar sexismo e racismo. Feministas *brancas* tentaram irresistivelmente fazer analogias entre suas experiências com o sexismo e as experiências de pessoas *negras* com o racismo, reduzindo ambas a uma forma similar de opressão. Essas tentativas geralmente surgem em sentenças como: "Como mulher, eu posso entender o que é o racismo" ou "Como mulher, eu sou discriminada, assim como pessoas *negras* o são". Em tais frases, a branquitude não é nomeada, e é exatamente essa não nomeação da branquitude que permite que mulheres brancas se comparem a pessoas *negras*, em geral, e ao mesmo tempo ignorem o fato de que as mulheres *negras* também são genderizadas – tornando as mulheres *negras* invisíveis.

Pode-se argumentar que, como processos, o racismo e o sexismo são semelhantes, pois ambos constroem ideologicamente o senso comum através da referência às diferenças "naturais" e "biológicas". No entanto, não podemos entender de modo mecânico o gênero e a opressão racial como paralelos porque ambos afetam e posicionam grupos de pessoas de forma diferente e, no caso das mulheres *negras*, eles se entrelaçam. Na tentativa de comparar o sexismo e o racismo, as feministas *brancas* esquecem de conceituar dois pontos cruciais. Primeiro, que elas são *brancas* e, portanto, têm privilégios *brancos*. Esse fator torna impossível a comparação de suas experiências às experiências de pessoas *negras*. E, segundo, que as mulheres *negras* também são mulheres e, portanto, também experienciam o sexismo. Uma falha irônica, porém trágica, que teve como resultado a invisibilização e o silenciamento de mulheres *negras* dentro do projeto feminista global.

A falsa ideia da *sororidade* universal

Feministas ocidentais estiveram, e estão, entusiasmadas com a ideia da *sororidade*. O termo fala de uma universalidade entre mulheres. Elas conceituam mulheres como um grupo coletivo, genderizado e oprimido em uma sociedade patriarcal. O termo "sororidade" supõe a crença em uma conexão familiar entre todas as mulheres do mundo – as irmãs (*Sisterhood*) – e um desejo por uma cumplicidade entre mulheres dentro de um mundo dominado por homens. Quando contextualizada, essa ideia pode parecer bastante poderosa; quando não, ela permanece uma presunção falsa e simplista que negligencia a história da escravização, do colonialismo e do racismo nos quais mulheres brancas têm recebido sua parcela de poder *branco* masculino em relação tanto a mulheres *negras* quanto a homens *negros*.

Esse modelo de mundo dividido entre homens poderosos e mulheres subordinadas tem sido criticado fortemente por feministas *negras*. Primeiro, porque ele ignora estruturas raciais de poder entre mulheres diferentes; segundo, porque não consegue explicar por que homens *negros* não lucram com o patriarcado; terceiro, porque não considera que, devido ao racismo, o modo como o gênero é construído para mulheres *negras* difere das construções da feminilidade *branca*; e, por fim, porque esse modelo implica um universalismo entre mulheres, que localiza o gênero como foco primário e único de atenção e, desde que "raça" e racismo não são contemplados, tal ideia relega as mulheres *negras* à invisibilidade.

Para reconhecer a realidade de mulheres *negras*, temos de distinguir os entrelaçamentos de "raça" e gênero em estruturas de identificação. A incoerência do termo "sororidade" torna-se óbvio no episódio que recordei no início deste capítulo, pois ele não consegue explicar o porquê de uma menina *negra* ser convidada a tornar-se a serva de uma mulher *branca* e de sua filha *branca*. Nessa cena, não há "sororidade", e não há cumplicidade entre as mulheres, mas sim uma hierarquia – hierarquia racial, pois eu fui interpelada a tornar-me a serva de uma mulher *branca*.

Em geral, mulheres *brancas* são extraordinariamente relutantes em enxergarem-se como opressoras, como Hazel Carby escreve (1997 p. 49), o envolvimento de mulheres *brancas*:

(...) no imperialismo e colonialismo é reprimido e os benefícios que elas – como brancas – obtiveram da opressão de pessoas *negras* são ignorados. (...) Os benefícios de uma pele branca não se aplicaram apenas a um punhado de sinhás de uma *plantação* de algodão, chá ou açúcar; todas as mulheres (...) se beneficiaram – em níveis diferentes – da exploração econômica das colônias.

Feministas *negras*, portanto, falam de uma falsa universalidade, pois mulheres são definidas em referência a uma noção branca de mulheridade, negando voz a mulheres *negras* (Collins, 2000; Fulani, 1998; Mirza, 1997). Nesse falso universalismo, a realidade, e as preocupações e reivindicações de mulheres *negras* tornam-se específicas e ilegítimas, enquanto as experiências de mulheres *brancas* prevalecem como universais, adequadas e legítimas. Como é geralmente argumentado por feministas *brancas*: feminismo é sobre sexismo, não sobre racismo.

"Raça" *vs.* gênero

Como mencionei anteriormente, esse fracasso em identificar a intersecção entre "raça", gênero e estruturas raciais de poder invisibiliza que mulheres *negras* estejam contempladas nas teorizações feministas. Feministas *negras* ainda continuam a demandar que a existência do racismo seja reconhecida como um fator estruturante (hooks, 1981). No entanto, tem havido grande resistência no contexto dos discursos feministas ocidentais em aceitar e teorizar o racismo como uma dimensão central e crucial da experiência de mulheres. Feministas afro-alemãs, por exemplo, têm reivindicado essa questão teórica no contexto alemão por mais de vinte anos. Desde o início dos anos 1980, feministas afro-alemãs e escritoras como Katharina Oguntoye e May Ayim (1986) têm escrito e teorizado sobre a perspectiva de mulheres *negras* no feminismo. Contudo, seus trabalhos têm sido ignorados e excluídos do contexto acadêmico alemão. Apenas recentemente, algumas feministas *brancas* começaram a refletir sobre tais aspectos em seus trabalhos teóricos, mas de maneira ainda pouco satisfatória. Ao conceituar o gênero como o único ponto de partida da opressão, teorias feministas ignoram o fato de que mulheres *negras* não são somente oprimidas por homens – *brancos* e *negros* – e por formas institucionalizadas de sexismo, mas também pelo racismo – tanto de mulheres *brancas* quanto de homens *brancos* –, além de por formas institucionalizadas de racismo.

A luta antirracista não é parte das preocupações das feministas ocidentais, principalmente porque suas precursoras *brancas* não foram e não são confrontadas com a violência racista, mas "somente" com a opressão de gênero. O gênero tornou-se, assim, o único foco de suas teorias. Feministas *brancas* têm estado particularmente interessadas na genitália e na sexualidade de mulheres *negras* – em questões referentes à mutilação genital ou à maternidade, por exemplo. Esse quadro se explica, por um lado, porque suas experiências com a opressão como mulheres são focadas na violência sexual e, por outro lado, devido a fantasias coloniais acerca da participação no controle da genitália, corpos e sexualidade de mulheres *negras*.

O paradigma feminista dominante, escreve Jane Gaines (2001, p. 403): "na verdade nos encoraja a não pensar em nenhum outro tipo de opressão que não o domínio masculino e a subordinação feminina", fato que negligencia o racismo como tema nas teorias feministas – um imenso fracasso para um movimento social preocupado com as formas como as mulheres têm sido oprimidas.

Ignorar a "raça" e fracassar em se posicionar fortemente contra o racismo, argumentam Anthias e Yuval-Davis (1992, p. 101), "são vistos [por feministas *negras*] como os produtos do racismo endêmico do feminismo *branco*". Tal fracasso replica o racismo. Feministas *brancas* estavam interessadas em refletir sobre opressão como membras subordinadas do patriarcado, mas não sobre suas posições como *brancas* em uma sociedade supremacista *branca* – isto é, um grupo no poder em uma estrutura racista. Esse modelo de homens contra mulheres obscurece a questão da "raça" e coloca a mulher *branca* fora das estruturas racistas, poupando-as de ter responsabilidade pelo racismo e/ou de verem-se praticando racismo contra outros grupos de mulheres (e homens). Esse é mais um ponto de inadequação nas teorias feministas. bell hooks (1981, p. 124) escreve:

> [A] discriminação sexista tem impedido que mulheres brancas assumam seu papel dominante na perpetuação do imperialismo racial branco, mas isso não tem impedido mulheres brancas de continuamente absorver, apoiar e defender a ideologia racista ou de agir individualmente como opressoras racistas.

Patriarcado *vs.* patriarcado *branco*

O modelo do patriarcado absoluto foi questionado por feministas *negras* e redefinido em um conceito mais complexo que inclui "raça", já que o "racismo assegura que homens *negros* não tenham as mesmas relações hierárquicas patriarcais/capitalistas como os homens brancos" (Carby, 1997, p. 46). A maioria das autoras falam, portanto, de patriarcado branco (hooks, 1981; 1995; Collins, 2000) ou de "patriarcado racial" para enfatizar a importância da "raça" nas relações de gênero.

Além disso, aplicar a noção clássica de patriarcado a diferentes situações coloniais é igualmente insatisfatório por não explicar o porquê de homens *negros* não usufruírem dos benefícios do patriarcado *branco*. Há estruturas de poder muito óbvias tanto na formação colonial como na escravista, e ambas são predominantemente patriarcais, escreve Carby (1997, p. 48), "no entanto, as formas históricas específicas de racismo forçam-nos a modificar ou alterar a utilização do termo "patriarcado" para tratar de homens *negros*". A noção de patriarcado *branco*, a autora continua, tem funcionado como bode expiatório para homens *negros*, já que "mulheres *negras* têm sido dominadas 'patriarcalmente', de diferentes formas, por homens de 'cores' diferentes" (Carby, 1997, p. 48). Os homens *negros*, escreve bell hooks, "poderiam juntar-se a mulheres *negras* e *brancas* para protestar contra a opressão de homens *brancos* desviando a atenção para longe de seu sexismo, de seu apoio ao patriarcado e de sua exploração sexista de mulheres" (Carby, 1997, p. 87-8). Ainda assim, o sistema patriarcal no âmbito das diferenças raciais é mais complexo, assim como a posição de homens *negros* e de mulheres *negras* dentro do patriarcado racial.

Nesse ponto, feministas *negras* divergem de feministas brancas, ao insistirem que não veem necessariamente homens *negros* como antagonistas patriarcais, mas sentem que sua opressão racial é compartilhada por homens *negros*. Isso sugere, obviamente, uma nova definição de patriarcado que inclua as complexas estruturas de "raça" e gênero. Ademais, essa questão também sugere uma nova perspectiva para o feminismo ao reivindicar que mulheres *negras* talvez queiram se auto-organizar acerca do racismo usando a categoria de gênero. Se feministas *negras* titubeiam ao enfatizar o gênero como categoria, o fazem em defesa da maneira com que mulheres *negras* narram suas experiências, pois é evidente que mulheres *negras* têm historicamente formulado identidade e pertença política em termos de "raça" em vez de gênero ou classe, uma vez que "experienciam primeiro a opressão relacionada à 'raça' em vez da opressão de gênero" (Gaines, 2001, p. 403).

Barbara Smith (1983, p. 275) escreve:

> Nossa situação como pessoas *negras* exige que tenhamos solidariedade acerca da questão da raça, algo que mulheres *brancas* certamente não precisam ter com homens *brancos*, a menos que seja por solidariedade negativa como opressoras e opressores raciais. Nós lutamos juntas com homens *negros* contra o racismo, enquanto lutamos contra homens *negros* a respeito do sexismo.

O diálogo sobre o impacto do sexismo nas mulheres *negras* tem sido, em grande medida, silenciado nas comunidades *negras*, como bell hooks (1981) explica, não apenas como resposta direta contra mulheres *brancas* libertacionistas ou como gesto de solidariedade com homens *negros*, mas também como o silêncio das oprimidas. A luta contra o racismo, escreve hooks, condicionou as mulheres *negras* a desvalorizar a feminilidade e considerar "raça" a única categoria relevante. "Tínhamos medo de reconhecer que o sexismo poderia ser tão opressivo quanto o racismo" (hooks, 1981, p. 1).

Descolonizando mulheres *negras*

A invisibilidade das mulheres *negras* expõe esse diálogo separado. Em seu ensaio "Fantasiando Mulheres Negras", em *Pele Negra, Máscaras Brancas*, Lola Young (1996) analisa os termos em que as mulheres *negras* são discutidas nos textos de Frantz Fanon. Fanon descreve os efeitos psicológicos do colonialismo e do racismo usando sistematicamente o termo "homem" para designar seus *sujeitos*, ignorando a experiência específica de mulheres no contexto do racismo. Lola Young demonstra que a terminologia masculina foi ajustada para explicar a realidade de todas/os aquelas/es que experienciam o racismo porque "homem" aparece como sinônimo de "pessoas".

Em sua escrita, Fanon utiliza o termo "homem" para designar tanto "homem *negro*" quanto "ser humano" – e também, às vezes, para designar a si mesmo: "Frantz Fanon". Homi Bhabha (1986, p. 26) argumenta que quando Fanon usa "homem", ele "conota uma qualidade fenomenológica de humanidade, inclusiva do homem e da mulher". O uso do masculino genérico para designar humanidade reduz automaticamente a existência de mulheres à não existência. "As mulheres *negras* estão dentro ou fora da afirmação de Fanon, que começa assim: "O *negro* é um homem *negro*...?" Dentro ou fora do enquadramento quando Fanon pergunta: "O que o homem *negro* quer?" (Young, 1996 p. 88). O que está em questão não é simplesmente o uso sexista de um pronome genérico, ela argumenta, mas a questão do status ontológico das mulheres *negras*. Assim, Young fala das mulheres *negras* como "pessoas desaparecidas" no debate, aquelas que não possuem designação e que desaparecem dentro de um grande grupo: "Aquelas que têm pouco ou nenhum poder são categorizadas assim não apenas por não terem nada, mas por não serem nada; elas são excluídas porque são consideradas nada" (Young, 1996, p. 88).

A reivindicação de feministas *negras* não é classificar as estruturas de opressão de tal forma que mulheres *negras* tenham que escolher entre a solidariedade com homens *negros* ou com mulheres *brancas*, entre "raça" ou gênero, mas ao contrário, é tornar nossa realidade e experiência visíveis tanto na teoria quanto na história. O movimento e a teoria de mulheres *negras* têm tido, nesse sentido, um papel central no desenvolvimento de uma crítica pós-moderna, oferecendo uma nova perspectiva a debates contemporâneos sobre gênero e pós-colonialismo.

Neste trabalho, no entanto, não somos "pessoas desaparecidas", mas sim "pessoas falantes", *sujeitos* falantes que estão transformando a teoria. Que mulheres *negras* são afetadas por múltiplas formas de opressão – racismo, sexismo e/ou LGBTTQIAfobia – e que a discussão anterior sobre racismo e feminismo revelou a quase completa ausência de mulheres *negras* em considerações de ambos os campos, esses fatores independentes já fazem com que o estudo de mulheres *negras* seja um empreendimento da maior importância. Assim como nos estudos de outros grupos até então desconsiderados, estudos de e com mulheres *negras* são capazes de gerar materiais que tenham implicações tanto para as maneiras pelas quais "raça" e gênero têm sido teorizados até agora quanto para a teoria social em geral.

5. POLÍTICAS ESPACIAIS

1. "De onde você vem?" – Sendo colocada fora da nação

> As pessoas sempre me perguntavam de onde eu vinha: "De onde você vem?" E isso era uma coisa... elas me perguntavam diariamente: de novo e de novo... desde que eu era criança, simplesmente assim! Elas te veem e a primeira coisa que passa pela cabeça delas é checar: "De onde ela é?" Elas apenas andam na sua direção e perguntam, sem ao menos te conhecer. Não importa onde você esteja: em um ônibus, em uma festa, na rua, em um jantar ou mesmo no supermercado (...) Isso é tão racista, porque elas sabem que há pessoas *negras* que são alemãs e que até falam alemão melhor que elas.

Essas são palavras da Alicia, uma mulher afro-alemã. Desde muito cedo pessoas brancas que vivem ao seu redor a confrontam com perguntas a respeito do seu corpo e de suas origens nacionais, fazendo-a lembrar que ela não pode ser "alemã" porque ela é *negra*. Esse questionamento constante sobre de onde ela vem não é apenas um exercício de curiosidade ou interesse, mas também um exercício que confirma fantasias dominantes sobre "raça" e territorialidade. Alicia está sendo indagada, em primeiro lugar, porque ela é categorizada como alguém de uma "raça" que "não pertence" (Essed, 1991).

A pergunta contém a fantasia colonial de que "alemã/o" significa *branca/o* e *negra/o* significa alheio; desconhecido (*Fremd/er*) ou estrangeira/o (*Ausländer*). Trata-se de uma construção na qual "raça" é imaginada dentro de fronteiras nacionais específicas e nacionalidade em termos de "raça". Ambas, a *negritude* e a *alemanidade/*(ou *europeidade*) são reproduzidas aqui como duas categorias contraditórias que se excluem mutualmente. Uma pessoa é *negra* ou alemã, mas não *negra* e alemã; o "*e*" é substituído por "*ou*" tornando a *negritude* incompatível com a alemanidade. Como Alicia explica, essa microconstrução faz a pergunta sobre sua origem "tão racista", porque "elas sabem que há pessoas *negras* que não são alemãs".

É precisamente essa incompatibilidade entre "raça" e nacionalidade que define as *novas formas de racismo* (Gilroy, 1987).[20] Enquanto formas *antigas* de racismo apelavam para "raças biológicas", e para a ideia de "superioridade" *versus* "inferioridade" – e a exclusão daquelas/es que eram "inferiores" –, as novas formas de racismo raramente fazem referência à "inferioridade racial". Em vez disso, falam de "diferença cultural" ou de "religiões" e suas incompatibilidades com a cultura nacional.[21] O racismo, portanto, mudou seu vocabulário. Nos movemos do conceito de "biologia" para o conceito de "cultura", e da ideia de "hierarquia" para a ideia de "diferença".

---

20. O termo *novo racismo* faz uma distinção precisa entre o velho "racismo científico" do século XIX e início do século XX e o racismo do final do século XX e do início do século XXI. Tal terminologia enfatiza que o racismo não é um fenômeno estático e singular, mas que existe em formas plurais e, como qualquer outro fenômeno social, está em mudança constante.
21. O termo *novo racismo* foi usado pela primeira vez por Martin Barker (1981) após analisar os discursos de políticos do Partido Conservador britânico e de outros pensadores de direita. Apesar do evidente tom racista de seus discursos, esses conservadores nunca mencionavam "raça"; em vez disso, falavam sobre *difference* e da impossibilidade de viver com pessoas "culturalmente diferentes", e apelavam para a repatriação de tais pessoas a fim de manter a nação britânica *pura* (Barker, 1981; Rattansi, 1994).

Nos racismos contemporâneos não há lugar para a "diferença". Aqueles e aquelas que são "diferentes" permanecem perpetuamente incompatíveis com a nação; elas e eles nunca podem pertencer, de fato, pois são irreconciliavelmente *Ausländer*. "De onde você vem?", "Por que você está aqui?", "Quando você pretende voltar?". Tais perguntas incorporam exatamente essa fantasia de incompatibilidade.

À primeira vista, a ideia de superioridade não parece estar implícita nos novos racismos, apenas o pensamento inofensivo de que "nós não temos nada contra elas e eles, mas aquelas/es 'diferentes' têm seus próprios países para viver, e portanto devem retornar" pois "a presença delas/es é um distúrbio para a integridade nacional". O racismo é então explicado em termos de "territorialidade", supondo uma característica quase natural. O inquérito repetitivo ilustra o desejo *branco* de fazer Alicia irreconciliável com a nação. Sempre que ela é interpelada, a ela está sendo negada uma filiação nacional autêntica com base na ideia de "raça". A pergunta desvela a relutância do *sujeito branco* em aceitar que não é que *nós temos nosso próprio país para viver*, mas sim que *nós estamos vivendo em nosso país*.

Não consigo não lembrar de como a rua onde cresci em Lisboa, Portugal – oficialmente rua *Dr. João de Barros*[22] –, se tornou conhecida como *rua dos Macacos*. Às vezes, a rua também era chamada de "República das Bananas", uma nação imaginária habitada por macacos. Nos olhos das/os *brancas/os*, nós, pessoas *negras*, erámos "macacos" que haviam chegado

---

22. Nome de um médico português muito conhecido.

recentemente da antes colonizada África.²³ Por um lado, a fantasia grotesca de nos classificar como macacos revela a necessidade de nos impor a posição de inferiores – não humanos. Por outro, a necessidade de imaginar nossa rua como um país ilusoriamente separado revela a incompatibilidade forçada da *negritude* e da portugalidade. O que, de fato, queriam é nos imaginar vivendo em outro país, não lá, mas fora, em nossa própria República. Excluídas/os duas vezes. Duplamente colocadas/os como *"Outra/o"*. Então, toda vez que deixávamos nossa república, ou gueto,²⁴ éramos interpeladas/os: "De onde você vem?" como um lembrete de onde deveríamos estar.

---

23. A rua de dois quilômetros de extensão foi a primeira para a qual pessoas *negras* se mudaram; a população *branca*, mais tarde, deixou as ruas vizinhas e novas/os vizinhas/os *negras/os* se mudaram, transformando a área em um bairro majoritariamente africano. No meu bairro – Mercês – a maioria das pessoas era das diásporas de São Tomé e Príncipe, angolana e moçambicana, assim como dos povos Roma e Sinti, que haviam sido removidos das áreas centrais da cidade, indo para as periferias onde comunidades africanas estavam vivendo. Na parte norte do meu bairro havia pessoas das diásporas de Guiné-Bissau e de Cabo Verde. Já no sul, havia mais pessoas da diáspora do Timor-Leste.
24. O termo *gueto* deriva da diáspora judia. Gueto é o nome da ilha situada em frente a Veneza, Itália, para onde, em 1516, judias e judeus italianas/os eram deportadas/os após serem proibidas/os de viver no continente entre a cultura nacional dominante. O termo *gueto* foi adotado mais tarde por outros povos diaspóricos, tais como povos africanos, para descrever nossas experiências com a exclusão e *Apartheid* (Jelloun, 1998).

2. "(...) Mas você não pode ser alemã" – Fantasias coloniais e isolamento

E se eu respondo dizendo que sou alemã, elas olham confusas, entende? Elas param por um momento, pensando: "Alemã...?" Ou começam a rir, como se eu não tivesse entendido a pergunta ou tivesse dado a resposta incorreta, sabe? E daí continuam: "Ah, não! Mas você não pode ser alemã. Você não parece alemã (*apontando para a pele*). De onde você é?"

Ser observada e questionada são formas de controle que, certamente, incorporam o poder. Alicia é observada – a "'raça' no campo de visão" (Hall, 1996) – e questionada, porque esperam que ela justifique sua presença em território *branco*.

Aquelas/es que questionam exercitam uma relação de poder que define a presença de Alicia como *Fremde* (estranha) e do território como delas/es, traçando uma fronteira clara entre Você, a/o "*Outra/o*" racial, que está sendo questionado e tem de se explicar, e Nós, as/os *brancas/os*, que questionamos e controlamos. Essa assimetria de poder, comum às pessoas *brancas* em relação às pessoas *negras*, me lembra uma velha e dolorosa relação escravizado/senhor: Alicia está sendo questionada e não está questionando, porque é a/o escravizada/o quem tem de responder e o "senhor" é quem controla. Às vezes, pessoas *brancas* dizem que quando estão de férias em outro país também são interpeladas com perguntas acerca de suas origens, numa tentativa de igualar ambas experiências. Tais experiências, no entanto, não podem ser igualadas, pois mesmo que seja a/o colonizada/o quem pergunta, é a/o colonizadora/colonizador quem tem o poder. Isso explica o porquê de essa pergunta ser tão perturbadora quando enunciada por *sujeitos brancos,* mas não quando enunciada por pessoas *negras* ou *People of Color.*

A expectativa de que "*Outras/os*" raciais digam suas origens e exponham suas biografias "*no ônibus, em uma festa, na rua, em um jantar ou até mesmo no supermercado*" revela uma dialética colonial na qual o *sujeito branco* se apresenta como a autoridade absoluta, o senhor, enquanto o *sujeito negro* é forçado à subordinação. De repente, o *sujeito negro* torna-se um *objeto* para as/os *brancas/os* olharem, se dirigirem e questionarem, a qualquer momento e em qualquer lugar. Enquanto o *sujeito branco* se ocupa da pergunta "O que eu vejo?" o *sujeito negro* é forçado a lidar com a questão "O que elas/eles veem?".

Por vezes, Alicia responde que é alemã, mas aquelas/es que estão perguntando insistem em seus "traços estrangeiros" (*foreignness*). "Alemã...?" E dizem: "Mas você não pode ser alemã." Ao apontarem para sua pele, fazem-lhe lembrar de sua incompatibilidade com a cultura. Esse gesto de colocar o *sujeito negro* fora da nação também nos adverte de que deveríamos "conhecer o nosso lugar" em vez de "tomar o nosso lugar". Quando Alicia diz que é afro-alemã, ela está "tomando o seu lugar" e, ao mesmo tempo, lembrando a seu público que ela, "como o resto delas/es, está "em casa" no "seu lugar". Mas as/os *brancas/os* à sua volta reagem com nervosismo, inquietação e agressão, prontamente repassando uma ordem colonial: "Ah! Não, não! Mas você não é alemã (...) De onde você é? "A resposta de Alicia permanece sem ser ouvida: "Elas começam a rir, como se eu não tivesse entendido a pergunta ou tivesse dado a resposta errada." Na verdade, as pessoas temem ouvir que a Alemanha tem, entre outras, uma história afro-alemã. O som do riso *branco* soberbo anuncia como o *sujeito branco* está, de fato, investido na fantasia de que só pessoas *brancas* podem ser alemãs e que a Alemanha é *branca* – uma fantasia que domina sua realidade.

O racismo não é apenas insultar, mas antes de tudo, como as pessoas olham para você... quando as pessoas vêm perguntar: "De onde você é? Por que você fala alemão tão bem?" Isso é racismo... e essas formas de racismo me perturbam ainda mais.

Alicia descreve o olhar do *sujeito branco* como perturbador, pois ele reflete uma autoimagem assustadoramente deformada que ela não consegue reconhecer como sendo dela: "O que elas/eles veem?" A perturbação provocada pela mirada branca deriva não de algo ausente ou de algo que o *sujeito branco* não vê em Alicia, mas sim da adição de algo indesejável que o *sujeito branco* quer ver. Em outras palavras, racismo não é a falta de informação sobre a/o "*Outra/o*" – como acredita o senso comum –, mas sim a projeção *branca* de informações indesejável na/o "*Outra/o*". Alicia pode explicar eternamente que ela é afro-alemã, contudo, não é sua explicação que importa, mas a adição deliberada de fantasias *brancas* acerca do que ela deveria ser: "Por que você fala alemão tão bem?"

Alicia pode experienciar essa contradição como uma cisão interior dolorosa. Por um lado, ela não pode reconhecer a si mesma na imagem que elas/eles veem, por outro lado, o que elas/eles veem separa Alicia de qualquer identidade que ela possa realmente ter. Ela explica: "Essas formas de racismo me perturbam ainda mais."

3. "(...) Querem ouvir uma história exótica" – Voyeurismo e o prazer da Outridade

> E também o fato de não ser vista como alemã, mas como exótica. Especialmente quando homens vêm e perguntam... Eu sei que eles querem ouvir uma história muito exótica. Eles querem ouvir que eu venho de algum lugar de África ou do Brasil, ou... qualquer coisa.

Aqui, Alicia acrescenta outros componentes: "raça" e *voyeurismo*. As pessoas se aproximam para perguntar de onde ela é porque também têm prazer através da exposição da Outridade. Elas não estão interessadas em ouvir que Alicia é simplesmente alemã, como elas; em vez disso, "elas querem ouvir uma história muito exótica", na qual suas fantasias sobre a/o *"Outra/o"* remota/o são revividas. Esperam que Alicia provoque prazer. Impacientemente, pergunta após pergunta, suas/seus espectadoras/es procuram pelo "paraíso": "E seus pais, de onde eles vêm? Elas/eles continuam perguntando até que uma história fabulosa e exótica seja contada. Exótica – Erótica. Isso é o que tem sido apropriadamente chamado de *primitivismo moderno* (hooks, 1992). Primitivismo, no sentido de que isso constrói o *sujeito negro* como "primitivo", como aquele que está mais perto da natureza, que possui o que as/os *brancas/os* perderam e o que, portanto, as/os excita. Alicia torna-se então a personificação do exotismo e do prazer. Às vezes, isso é chamado de *racismo positivo*. Mas que estupidez. Estúpido é, de fato, chamar o racismo de positivo. Esse termo é paradoxal. Ele se contradiz, pois exclusão, isolamento e exposição racial jamais podem ser positivos.

Eu não tenho uma história que se pareça comigo. Sinto que não tenho história nenhuma na verdade, porque a minha história – a história alemã, a história afro-alemã – não é bem-vinda. As pessoas não querem ouvi-la nem saber nada sobre ela. Parece que só se pode existir através de uma imagem alienada de si mesma/o. O momento em que o *sujeito negro* é inspecionado como um *objeto* de fetiche, um *objeto* de obsessão e desejo é descrito por Frantz Fanon como um processo de "despersonalização absoluta" (1967, p. 63), pois o *sujeito negro* é forçado a desenvolver um relacionamento com o eu e a performar o eu que tem sido roteirizado pelo colonizador, produzindo em si mesmo a condição, internamente dividida, de despersonalização. Começa-se a olhar para si mesma/o como se *se estivesse em seu lugar*: "Sinto que não tenho história nenhuma na verdade", conclui Alicia. Ela começou a experienciar ser *"Outra"* entre as/os *"outras/os"* – isolada em uma sociedade *branca*.

6. POLÍTICAS DO CABELO

4. "(...) As pessoas costumavam tocar meu cabelo!" – *Invadindo o corpo negro*

> Eu realmente odiava quando as pessoas tocavam o meu cabelo: "Que cabelo lindo! Ah, que cabelo interessante! Olha, cabelo afro..." E o tocavam. Eu me sentia como um cachorro sendo acariciado... como um cachorro que está sendo tocado. E eu não sou um cachorro, sou uma pessoa. E [quando eu era criança] minha mãe nunca lhes dizia para parar, embora eu tivesse explicado para ela que eu não gostava daquilo. Mas ela não conseguia entender por que eu não gostava: "Sim, mas seu cabelo é diferente e as pessoas só estão curiosas!" Ela não entendia por que eu não gostava. (...) Eu nunca tocaria o cabelo de alguém daquela forma, do nada! Quero dizer... como alguém pode fazer isso...

Aqui, dizem para Alicia que ela é "diferente". Mas quem é diferente? Eu pergunto novamente. Alicia é diferente daquelas/es que tocam seu cabelo ou, ao contrário, aquelas/es que tocam seu cabelo são "diferentes" dela? Quem é diferente de quem? Uma pessoa apenas se torna diferente no momento em que dizem para ela que ela difere daquelas/es que têm o poder de se definir como "normal". A mãe *branca* de Alicia não vê a si mesma como diferente, mas vê sua filha como tal. Ou seja, não se é diferente, torna-se diferente por meio de um processo de discriminação.

A diferença é usada como uma marca para a invasão. Ser tocada, assim como ser interrogada, é uma experiência de invasão, uma violação que para Alicia parece inimaginável: "Eu nunca tocaria o cabelo de alguém." Por que ela tocaria o cabelo de alguém que ela não conhece? Por que tal intromissão? Aquelas/es que tocam e/ou fazem interrogatórios marcam Alicia. No entanto, tais pessoas permanecem sem marca. Uma coreografia que descreve a branquitude tanto como central quanto como ausente. Apesar dos comentários ambíguos – que, às vezes, parecem *positivos* – a relação de poder entre aquelas/es que a tocam e Alicia, que está sendo tocada, ainda assim permanece, bem como o papel depreciativo de tornar-se um *objeto* público. A mãe de Alicia, no entanto, parece confirmar a situação em vez de dissipá-la: "[Quando eu era criança] minha mãe nunca lhes dizia para parar ...", e então explica: "ela não entendia." Alicia, infelizmente, percebe que sua mãe *branca* não se identifica com sua filha *negra*, mas com seu ambiente *branco*: "(...) seu cabelo é diferente e as pessoas só estão curiosas!", explica a mãe. O comentário é um lembrete para Alicia de que, até mesmo nessa relação, seu ponto de vista como mulher *negra* é menos válido do que o ponto de vista de sua mãe *branca* e do consenso *branco*.[25] A "mulher *negra*" diz que algo importa e a mulher branca responde "Isso não importa!". Essa divisão espelha como ambas não conseguem escapar das relações coloniais – infelizmente. A mãe de Alicia parece incapaz de escutar as palavras de sua filha; elas não dizem respeito ao seu mundo, mas a um mundo de racismo e agressão.

"Não escutar" é uma estratégia que protege o *sujeito branco* de reconhecer o mundo subjetivo das pessoas *negras*, como irei explicar mais adiante. Historicamente, isso tem sido usado como marca da opressão, pois significa negar a

---

25. Ver *triangulação* nos episódios 8, 10 e 25.

subjetividade de pessoas *negras*, bem como seus relatos pessoais de racismo.

De qualquer maneira... se eu insistisse, ela frequentemente começava a chorar: "O que você quer que eu faça?" Eu me sentia tão mal que eu não ousava mencionar o assunto novamente por um tempo. No final sempre tive que consolá-la ... "Está tudo bem!..."

Regressão está profundamente ligada a esse processo, uma vez que o *sujeito branco* evita ou procura evitar a ansiedade e a culpa, retornando a um estágio anterior de desenvolvimento. Os padrões infantis de comportamento como ficar mal-humorada, irritada, ofendida ou chorar permanecem disponíveis como defesa para não lidar com a informação. Então, quando o *sujeito negro* denuncia o racismo, o *sujeito branco*, como uma criança, regride a um comportamento imaturo, tornando-se novamente a personagem central que precisa de atenção, enquanto o *sujeito negro* é colocado como secundário. A dinâmica entre ambos é virada de cabeça para baixo. Na psicanálise clássica isso é chamado de regressão.

5. "Com licença, como você lava seu cabelo?" –
Fantasias sobre sujeira e domesticação colonial[26]

E, às vezes, as pessoas vêm e fazem perguntas do tipo "Como você lava seu cabelo?". Ou querem saber se eu o penteio: "Você pen-

---

26. Partes desse episódio foram publicadas in Kilomba, 2003.

teia seu cabelo? Como você penteia seu cabelo?" Eu acho isso tão doentio e tão triste, sabe. Nosso cabelo parece diferente, mas não passa pela minha cabeça ver uma mulher *branca* adulta e lhe perguntar: "Com licença, como você lava seu cabelo? E a propósito, você também o penteia?" Que pergunta. Como lavo meu cabelo? Bem, com água e xampu, como todo mundo. Às vezes eu me pergunto, o que será que eles realmente querem dizer ao fazer essas perguntas. Quer dizer... (*risos*). Como alguém ousa fazer tais perguntas para uma mulher, para uma mulher *negra* adulta, se ela se lava? O que tem na cabeça dessas pessoas? Eu não sei... Bom, eu sei, mas nem quero pensar nisso!

Alicia descreve tais perguntas como "doentias" e "tristes" porque elas revelam uma associação da *negritude* com o que é repugnante; elas anunciam como mulheres *negras* no imaginário *branco* são de alguma forma fantasiadas como sujas e selvagens. Tanto a sujeira como a selvageria estão inscritas em cada pergunta: "Como você lava seu cabelo?", porque ele está sujo, e "Você o penteia?", porque ele parece indomável. Um alinhamento ofensivo de pensamentos coloniais: lavar/sujo; pentear/indomável.

Sujeira e selvageria estão ligadas, de forma muito íntima, a aspectos que a sociedade *branca* reprimiu – sexualidade e agressão – e consequentemente projetou nas/os "*Outras/os*". Com frequência, a sexualidade é combinada com agressão e experienciada como "suja", caso em que os pensamentos serão "duplamente negados" (Pajaczkowska e Young, 1992, p. 201). Alicia se vê sendo usada como um depósito para tais aspectos duplamente negados, ao tornar-se a dupla encarnação da sexualidade (sujeira) e da agressão (selvageria). A preocupação das pessoas *brancas* com a higiene da mulher *negra* revela, por um lado, o desejo *branco* de controlar o corpo *negro*; e, por outro lado, o medo *branco* de ser sujado por aquele corpo. "Como você se lava" e "quão limpa/o você é" são as perguntas traduzidas e indicam como a presença do *sujeito negro* desencadeia desejo e medo. Há um "medo do contágio racial" (Marriott, 1998). A palavra contágio é bastante evocativa porque descreve como, no inconsciente *branco*, a *negritude* é fantasiada como uma doença, uma "maldição corpórea" (Fanon, 1967, p. 112), com a qual o *sujeito branco* tem medo de ser contaminado. Com certa ironia, Alicia afirma que não passaria por sua cabeça perguntar a uma mulher *branca* como ela lava o cabelo ou se ela o penteia. A aparente ironia reside no fato de que tais questões não fazem sentido para Alicia, como mostrado na observação aberta "Que pergunta. Como lavo o meu cabelo? Bem, com água e xampu, como todo mundo." As perguntas não têm sentido e, de alguma forma, são ridículas, irônicas e até absurdas, fazendo Alicia rir. No entanto, seu riso é amargo, porque essas perguntas ridículas também encarnam a cruel ironia de sua prisão como a *"Outra"* suja.

6. "(...) Eu e meu cabelo natural" – Cabelo, mulheres *negras* e consciência política

> Uma vez tive um namorado (*branco*) – na época eu usava tranças – um dia eu as desfiz e penteei meus cabelos, cabelos muito lindos, black natural (*tocando seu cabelo*). E quando ele me viu,

ele começou a me insultar, dizendo: "Por que você fez isso, você quer ficar feia?... Olha pra você, olha pro seu cabelo, você tá parecendo uma ovelha!" Isso foi muito duro pra mim... Ele não podia me aceitar... ele não podia me aceitar com meu cabelo natural. Até hoje é assim: muitas mulheres *negras* estão preocupadas com seus cabelos... elas alisam seus cabelos... Uma vez, uma mulher me disse: "Bem, eu adoraria que meu cabelo caísse, mas ele fica pra cima, assim como o da Alicia!" Era óbvio que ela estava falando que nossos cabelos não são bons. Isso é o que dizem para ela todos os dias. Até mesmo *top models negras* como a Naomi Campbell têm de alisar o cabelo, você nunca vê como é o cabelo natural dela. Isso não é uma loucura? Nunca vimos o cabelo africano dela! É difícil... porque quando você está com seu cabelo natural as pessoas te xingam. Me xingaram na rua muitas vezes, tipo: "Você sabe o que é um pente?! Ah, bem-vinda à selva! *(cantando)*. Por que você não cuida do seu cabelo?" Eu me pergunto o que é que incomoda tanto nos nossos cabelos...

Nessa parte de seu depoimento, Alicia fala sobre cabelo, consciência política e racismo cotidiano e sua internalização. Ela fala de um namorado *branco* que um dia a ofendeu por ela ter mostrado seu cabelo natural. As palavras do namorado expõem uma combinação de vergonha e repugnância em direção a Alicia, mas, sobretudo, elas reencenam uma associação colonial.

Historicamente, o cabelo único das pessoas *negras* foi desvalorizado como o mais visível estigma da negritude e usado para justificar a subordinação de africanas e africanos (Banks, 2000; Byrd e Tharps, 2001; Mercer, 1994). Mais do que a cor de pele, o cabelo tornou-se a mais poderosa marca de servidão durante o período de escravização. Uma vez escravizadas/os, a cor da pele de africanas/os passou a ser tolerada pelos senhores *brancos*, mas o cabelo não, que acabou se tornando um símbolo de "primitividade", desordem, inferioridade e não-civilização. O cabelo africano foi então classificado como "cabelo ruim". Ao mesmo tempo, *negras* e *negros* foram pressionadas/os a alisar o "cabelo ruim" com produtos químicos apropriados, desenvolvidos por indústrias europeias. Essas eram formas de controle e apagamento dos chamados "sinais repulsivos" da *negritude*. Nesse contexto, o cabelo tornou-se o instrumento mais importante da consciência política entre africanas/os e africanas/os da diáspora. Dreadlocks, rasta, cabelos crespos ou "black" e penteados africanos transmitem uma mensagem política de fortalecimento racial e um protesto contra a opressão racial. Eles são políticos e moldam as posições de mulheres *negras* em relação a "raça", gênero e beleza. Em outras palavras, eles revelam como negociamos políticas de identidade e racismo – pergunte a Angela Davis!

O estilo do cabelo de Alicia pode, assim, ser visto como uma declaração política de consciência racial através do qual ela redefine padrões dominantes de beleza. As ofensas, no entanto, são respostas de desaprovação a tal redefinição e revelam a ansiedade *branca* sobre perder o controle sobre a/o colonizada/o. De certa forma, as ofensas alertam Alicia de que ela está se tornando *muito negra* ao mostrar *muitos* sinais de *negritude*. Elas podem também significar que ela está mostrando sinais de independência e descolonização em relação às normas *brancas*, um fato perturbador para o público *branco*: "Por que você fez isso? Olha para você, olha para o seu cabelo", dizem para ela. "Ele não podia me aceitar com meu cabelo natural."

Tornar-se *muito negra* é, ao mesmo tempo, associado à ideia de regredir à primitividade: "Você sabe o que é um pente?! Ah, bem-vinda à selva!", como cantaram para Alicia. Existe, portanto, uma relação entre a consciência racial e a descolonização do corpo *negro*, bem como entre as ofensas racistas e o controle do corpo *negro*. Para evitar tais insultos violentos, diz Alicia, muitas mulheres *negras* se veem forçadas a desracializar o sinal mais significativo da racialização: "As mulheres *negras* alisam seus cabelos... porque quando você está com seu cabelo natural as pessoas te xingam." Mas esse processo de ter de fabricar sinais de branquitude, tais como cabelos alisados, e encontrar padrões *brancos* de beleza, a fim de evitar a humilhação pública, é bastante violento. Também violenta é essa metamorfose imediata de pessoa em animal: "Você parece uma ovelha!"

7. "Ele cheirou meu cabelo e fez essa associação... com macacos" – Fantasias selvagens *brancas*, amor e a Vênus *negra*

> Após lavar meu cabelo, eu geralmente uso manteiga de coco nele... creme de coco, que cheira muito bem e deixa o cabelo bem macio... e... eu tive uma relação muito curta com um homem [branco], um flerte... e um dia, ele estava cheirando meu cabelo e disse: "Bem, seu cabelo tem cheiro de coco..." e então ele começou a cantar esta canção: "*Die Affen rasen durch den*

Wald, der eine machte den anderen kalt. Wer hat die Kokosnuss geklaut?"[27] Você conhece essa canção alemã? *(ela canta) "Wer hat die Kokosnuss, wer hat die Kokosnuss, wer hat die Kokosnuss geklaut?"* E ele cantou essa canção, e eu fiquei tão... tão... e ele disse: "Mas seu cabelo cheira a coco." Ele cheirou meu cabelo e fez essa associação... com macacos, com macacos na selva que roubaram coco... você entende? Ele me associou a macacos... e essa canção... Eu fiquei tão destruída... e não dei continuidade a essa relação porque eu não podia mais suportar ficar perto dele. Mas o pior é que ele era um intelectual alemão importante, um arqueólogo, que possuía um doutorado em Arqueologia.

Alicia lembra de um namorado *branco* que sentiu a fragrância de coco no cabelo dela e começou a cantar uma canção colonial alemã:[28] "*Die Affen rasen durch den Wald, der eine macht den andern kalt. Wer hat die Kokosnuss geklaut?*" Alicia fica incomodada pela associação do cheiro de coco no cabelo de uma

---

27. "Os macacos correm rápido pela floresta. Um mata o outro... Quem roubou o coco?"
28. Outro componente dessa canção que analisarei aqui é o desejo *branco* de eliminar o *sujeito negro*. Esse é um tema típico das canções coloniais europeias, nas quais *sujeitos negros* matam uns aos outros, na selva, ou morrem, um após o outro, devido à incapacidade de eles sobreviverem como *sujeitos* independentes. Assim é na canção "10 pequenos N.," originalmente chamada de "10 N.", uma canção composta durante a abolição da escravatura nos Estados Unidos e mais tarde traduzida para o alemão em correspondência à perda do império colonial alemão. Há uma clara associação entre a ideia da independência *negra* e [uma] praga, isto é, uma vez livre, a presença do *sujeito negro* se torna insuportável e intolerável.

mulher *negra* com uma canção sobre macacos "bárbaros". A canção lembra uma longa história do discurso colonial no qual pessoas *negras* eram metaforicamente representadas como macacos. A metáfora da/o "africana/o" como "macaca/o" tornou-se efetivamente real, não por ser um fato biológico, mas porque o racismo funciona através do discurso. O racismo não é biológico, mas discursivo. Ele funciona através de um regime discursivo, uma cadeia de palavras e imagens que por associação se tornam equivalentes: africano – África – selva – selvagem – primitivo – inferior – animal – macaco.[29]

Tais cadeias de associação tornam-se convincentes porque significam um processo de *deslocamento*. A noção psicanalítica de deslocamento refere-se ao processo pelo qual o indivíduo transfere atenção de uma imagem mental para outra, desprendendo a atenção da primeira e passando para uma segunda que está, por sua vez, relacionada à imagem inicial, por meio da associação. O deslocamento, por exemplo, é responsável pela

---

29. Exemplos ilustrativos dessas cadeias associativas de palavras e imagens são filmes produzidos durante o período mais crítico do projeto colonial europeu, como *Tarzan* ou *King Kong*, em que o herói *branco* tem como contraparte um macaco africano. Tarzan e Jane compartilham suas vidas com Chita, uma macaca, enquanto em *King Kong*, a protagonista feminina é seduzida por um gigantesco gorila macho. O/A espectador/a é convidado/a a olhar para a África (o cenário) como um lugar de macacos (africanos) e heróis *brancos* (colonizadores). Ainda, nas produções mais recentes de Walt Disney, a África é o único continente cuja história é representada por animais em vez de pessoas e suas culturas, como observável em *O Rei Leão*. Todos os outros continentes e culturas são representados por pessoas como em *Pocahontas* (retratando uma lenda nativa americana) ou *Mulan* (retratando uma lenda chinesa), entre outros.

maneira pela qual nos sonhos uma imagem se torna o símbolo de outra. O deslocamento também tem uma função defensiva, particularmente dentro da fobia e da censura. O indivíduo redireciona o interesse de um objeto para outro de tal maneira que este último se torna o equivalente ou o substituto do primeiro. Esse processo em que o último *objeto*, "o macaco", se torna um símbolo do primeiro, "a/o africana/o", permite que discursos censurados – discursos racistas – ocorram sem necessariamente serem percebidos como agressivos; afinal de contas, é apenas uma canção sobre macacos e cocos. Tais cadeias associativas transformam a mulher *negra*: Vênus *negra* – *negra* selvagem – humano selvagem – animal selvagem – animal.

As mesmas cadeias associativas também são visíveis no debate sobre identidade nacional discutido no primeiro episódio, no qual as/os "*Outras/os*" nacionais são frequentemente definidas/os como *Ausländer* ou imigrantes e imigrantes são frequentemente definidas/os como *imigrantes ilegais*. Se as/os imigrantes são *ilegais*, elas/eles não têm *lei*; se não têm *lei*, elas/eles são *criminosas/os*; se são criminosas/os, são *perigosas/os*; se são perigosas/os, tem-se *medo* delas/es; se alguém as/os teme, tem o direito de ser hostil ou mesmo de eliminá-los/las. Uma cadeia de equivalentes legitima o racismo ao fixar identidades em seus lugares: imigrantes – imigrantes ilegais – sem lei – criminosos – perigosos – temíveis.

Alicia demonstra seu choque, mas o namorado não se responsabiliza pelo que disse. Ele, como homem *branco*, dissocia-se do que ele canta para a mulher *negra*, criando uma arena neutra. Em termos psicanalíticos, *dissociação* revela exatamente este estado no qual dois ou mais processos mentais coexistem sem se tornarem conectados ou integrados: "Mas seu cabelo cheira a coco!", responde ele a Alicia. Tal dissociação despolitiza a canção, salvando o namorado *branco* de ter de desenvolver qualquer consciência de si, como responsável.

A canção retrata representações *brancas* de territórios colonizados e seus povos: animais vivendo no caos, na desordem, in-civilizados, cujo cenário é a selva. Essas eram formas de propaganda usadas para justificar o projeto europeu da ocupação colonial, a fim de domesticar e civilizar a/o "*Outra/o*". A canção, assim como as imagens, pode ser analisada em três estágios: primeiro, sua letra: "Há macacos em África brigando por um coco"; então, sua mensagem: "africanas/os também podem brigar por um coco, como macacos". Seu código, entretanto, é: "africanas/os são como macacas/os". Enquanto a canção apresenta as personagens, a mensagem introduz a problemática nessa cena. É seu código, no entanto, que fica registrado em nosso inconsciente, mostrando "africanas/os" como "macacas/os".

O namorado profere tanto o código quanto a mensagem da canção, mas insiste que está apenas cantando a letra. Associações violentas da *negritude* com o primitivismo, caos, desordem e conquista estão sendo performadas e negadas ao mesmo tempo. Essa situação abusiva faz Alicia lembrar da condição alienante – ou, como ela diz: esquizofrênica – da experiência do racismo:

> (...) Às vezes, eu tenho de ignorar... ignorar, não, tenho de *verdrängen* [reprimir], fingir que esqueci tudo. É como se eu tivesse de cortar isso de mim, cortar minha personalidade como uma esquizofrênica. Como se algumas partes de mim não existissem.

7. POLÍTICAS SEXUAIS

8. "Wer hat Angst vor dem schwarzen Mann?"[30] – O Complexo de Édipo, matando o homem *negro* e seduzindo a mulher *negra*

Eu me lembro de uma vez, eu e meu ex-namorado (um jovem *branco*) estávamos juntos em um café... costumávamos ir a cafés e ter longas conversas sobre nada... nada de especial. Sempre passávamos muito tempo nesses lugares. Ele era músico de jazz, e me lembro que um dia ele estava dizendo que tipo de piadas ele e seus amigos músicos costumavam contar. Lembro de pedir para ele me contar... Provavelmente, todas elas seriam pequenas piadas machistas, pensei, o tipo de piadas que os homens contam. Eu nem sequer me lembro delas, mas nada realmente terrível... E então ele disse: "Bom, eu sei de uma piada, mas eu não posso te contar mesmo..." E eu disse: "Ah, qual foi, me conta, me conta, me conta..." Mas ele não queria, admito que ele não queria me contar. Mas, por fim, ele acabou cedendo. Ele então pegou um pedaço de papel e desenhou... Você tem um pedaço de papel? (*ela me pergunta*)... E ele desenhou isto... (*Kathleen desenha um círculo com dois triângulos*

---

30. "*Quem tem medo do homem negro?*" é um jogo popular entre crianças pequenas (de 2 a 10 anos) no jardim de infância, nas escolas da Alemanha. Uma criança desempenha o papel do homem *negro* e pergunta às outras crianças se elas têm medo dele – "*Wer hat Angst vor dem schwarzen Mann?*" – respondem elas, gritando "*Keine!*" (Ninguém!*)*. E correm alarmadas enquanto o "homem *negro*" corre atrás delas, dizendo: "*und wenn er kommt dann lauft ihr!*" (Então, quando ele vier, corram!). As crianças correm em pânico, tentando escapar do "homem *negro*", que agora as está perseguindo. Apesar de muitos protestos, essa brincadeira ainda faz parte da rotina de muitos jardins de infância e escolas na Alemanha.

dentro). E depois ele me perguntou: "O que é isso?" Eu olhei pra ele e disse: "Parece um sinal da Cruz Vermelha que foi apagado..." E eu não sabia o que aquilo era, e ele disse: "São dois membros da Ku Klux Klan olhando para baixo para um homem *negro* que fora jogado em um buraco (escuro)!" E essa foi a piad... a piada que ele me contou... E eu tive aquela sensação de novo, aquela dor nas minhas mãos... Ah! Que se apodera de mim tão rápido... Ele viu e disse: "Desculpe, eu sinto muito." Tipo, ele pediu desculpas imediatamente. E foi esse sentimento de... alguém com quem você tem compartilhado coisas íntimas e de repente solta uma dessas...

Estas são as palavras de Kathleen, uma mulher afro-estadunidense que mora na Alemanha. Kathleen descreve o racismo cotidiano dentro de uma relação íntima, quando seu ex-namorado lhe conta uma piada sobre uma realidade histórica na qual pessoas *negras*, e homens *negros* em particular, apanhavam, eram linchados e até mortos sistematicamente por membros da Ku Klux Klan (KKK) nos Estados Unidos.[31] Na

---

31. A Ku Klux Klan foi organizada no Tennessee (EUA) em 1865 por um grupo de oficiais do exército confederado que adaptaram seu nome da palavra grega *Kuklos* ("círculo"). A Ku Klux Klan começou como uma organização fraternal, e logo se direcionou contra a Reconstrução Republicana, cuja principal plataforma política era a abolição da escravatura e a igualdade para ex-escravizadas/os. Na década de 1920, a Klan expandiu-se de forma muito rápida, tornando-se particularmente ativa na década de 1960. A Klan usou violência e intimidação tanto contra funcionárias/os públicas/os quanto contra *negras/os* em geral para impedi-los/las de votar, de ocupar cargos e exercer seus novos direitos. Muitas mulheres e homens livres, bem como *brancas/os* que apoiaram

piada, um homem *negro* é jogado em um buraco por membros da KKK. A imagem do "buraco" é bastante ilustrativa porque descreve uma hierarquia entre o espaço de cima e o espaço de baixo. O homem *negro* é jogado no "buraco" e colocado abaixo dos pés dos homens *brancos*. Parece que o namorado se diverte com essa subjugação racial, já que ao falar sobre a violência contra o homem ele também causa dor na mulher *negra*, nesse caso, Kathleen, na forma de uma piada hilária. Ao contar, de modo sádico, uma piada sobre subjugação *negra*, o namorado *branco* simbolicamente também joga Kathleen no mesmo "buraco", abaixo de seus pés. Essa combinação de violência e diversão caracteriza o sadismo racial. Ele tem prazer com a subjugação do homem *negro* e da mulher *negra*: "Bom, eu sei de uma piada, mas não posso te contar mesmo...", diz ele a Kathleen. "Me conta, me conta, me conta...", responde ela, esperando ouvir outra coisa. Piadas racistas têm a função sádica de provocar prazer a partir da dor infligida e da humilhação da/o *"Outra/o"* racial, dando-lhe um senso de perda em relação ao *sujeito branco*. Kathleen perde seu senso de previsibilidade e de segurança. Essa perda, por um lado, assegura a supremacia *branca*. Enquanto Kathleen se sente em perigo, seu namorado se diverte, mesmo que apenas por um momento curto; como na piada em si, na

---

a Reconstrução, foram raptadas/os, açoitadas/os, linchadas/os, mutiladas/os e assassinadas/os pela Ku Klux Klan. Entre 1882 e 1935, mais de 3 mil *negras/os* foram linchadas/os em público, e entre 1882 e 1955, mais de 4.700 pessoas *negras* morreram em ataques de multidão. A Ku Klux Klan ainda está ativa nos Estados Unidos e no Canadá (www.africana. com).

qual homens *brancos* acima se divertem olhando para baixo, ou seja, para o homem *negro* em perigo. A piada é mais do que uma narração; ela se torna uma experiência em si. Trata-se de um jogo simultâneo no qual o roteiro é performado de modo sincrônico tanto de dentro quanto de fora, quando Kathleen experiencia a dor da personagem *negra* na piada: "Eu tive aquela sensação de novo, aquela dor nas minhas mãos...", diz ela. "Ah! Que se apodera de mim tão rapidamente..."

Piadas racistas reforçam a superioridade *branca* e a ideia de que pessoas *negras* deveriam permanecer em posições subordinadas – no "buraco". Elas expressam a relutância branca em renunciar à ideologia racista. É por isso que Kathleen fica chocada ao ouvir a piada: ela está sendo apresentada a um outro lado do seu namorado. Tais piadas, escreve Philomena Essed, "permitem a expressão de sentimentos racistas ao supor ou esperar um consenso de outras pessoas por meio da risada" (1991, p. 257). Esses comentários supostamente engraçados, piadas racistas e formas de ridicularização, são integrados em conversas casuais e apresentados como comentários casuais para ventilar seus verdadeiros significados racistas. Poder e hostilidade contra o povo *negro* são exercidos sem serem necessariamente criticados ou mesmo identificados – afinal, uma piada é só uma brincadeira.

O episódio todo ocorre em duas arenas diferentes: uma física, com o namorado e Kathleen, e uma fantasmal, com o namorado e seus amigos músicos *brancos*. Em ambas, Kathleen é destacada em uma constelação triangular, cercada fisicamente pelo namorado e pela plateia *branca* sentada no café e fantasmagoricamente rodeada pelo namorado e seus amigos músicos *brancos*. Dizendo a Kathleen "que tipo de piadas ele e seus amigos costumavam contar uns para os outros", o namorado cria um triângulo, se assegurando de não estar sozinho, antes de cometer um ato de racismo. A existência deste terceiro elemento – o público branco – corrobora não apenas o isolamento de Kathleen, mas também a posição de poder do jovem, cercado por "seu próprio grupo". Essa constelação triangular permite que o *sujeito branco* cometa racismo contra o *sujeito negro* sem ser julgado publicamente porque ele sabe que seu grupo – o chamado consenso *branco* – certamente o apoiará. Elas e eles o apoiam enquanto apoiam a si mesmas/os. Por conta de sua função repressiva, a constelação triangular, na qual pessoas *negras* estão sozinhas e pessoas *brancas* como um coletivo, permite que o racismo cotidiano seja cometido. Eu me pergunto se o namorado teria contado essa piada se estivesse em um cenário *negro*, em um café cercado por pessoas *negras*, ou se Kathleen tivesse acompanhada de amigas/os *negras/os*. Ele teria se metido em sérios apuros!

Toda a cena envolve uma certa sedução, na medida em que o agressor toma a iniciativa de oferecer algo ao qual Kathleen se submete passivamente. A cena da sedução é vivida passivamente, primeiro, porque Kathleen está envolvida de maneira passiva durante toda a cena; ela o escuta, olha o desenho que ele faz, é questionada e responde às perguntas dele e, segundo, porque ela participa da sedução "tolerando" a piada sem ser capaz de evocar uma resposta. Esse estado de passividade e imprevisibilidade implica uma ausência de preparação, já que Kathleen não esperava "nada realmente terrível" – ela não havia antecipado o racismo. Aparentemente, o jovem transfere a responsabilidade de sua ação racista para a "vítima", como se ele estivesse agindo a partir de um pedido da própria Kathleen. Ela, então, se torna culpada, como ela diz repetidamente: "Eu admito que ele não queria contar (...) ele não queria", mas ela pediu que ele o fizesse. Como o racismo não é visto como um fenômeno social, aquelas/es que o enfrentam são sempre confrontadas/os com a mensagem de que suas experiências são decorrentes de sua própria sensibilidade excessiva e, portanto, são de sua própria responsabilidade. Dessa forma, o namorado não se sente responsável por seduzir Kathleen com uma piada racista, transferindo a responsabilidade para Kathleen. Ela transcende a responsabilidade dele, como vítimas de agressão costumam fazer, protegendo seus agressores, assumindo os sentimentos de vergonha e culpa que seriam deles.

> Percebi o quanto de mim está em risco. (...) Eu não sei por que ele estava comigo ou por que eu estava com ele, essa também é uma questão... (*risos*) Eu era ingênua. E por que ele estava comigo, eu não sei... Ele era um pianista obcecado por jazz. Um bom pianista, tecnicamente muito talentoso. Eu não diria que ele queria ser *negro*... talvez (...) (*silêncio*). Eu acho que os homens *brancos* neste país se atraem muito por mulheres *negras*. Eu acho que há algo excitante a respeito de mulheres *negras* que eles definitivamente querem ter.

A piada na qual dois homens *brancos* batem em um homem *negro* está profundamente conectada tanto com o desejo quanto com a inveja. O namorado, um músico *branco* de jazz, está simbolicamente matando o homem *negro* em frente a Kathleen.

Por um lado, ele toca a música do homem *negro*, desejando-o. Por outro lado, ele se diverte contando piadas sobre o homem *negro* sendo jogado em um "buraco" por dois homens *brancos* – inveja e destruição de seu *objeto* invejado. O linchamento de homens *negros* – quando a sexualidade reprimida e a possessão física estão tão intimamente entrelaçadas que se fundem – é o exemplo mais cruel dessa inveja racial. Arquivos históricos revelam como até a década de 1950 homens *negros* linchados no sul dos Estados Unidos eram quase sempre submetidos a rituais de castração. O assassinato simultâneo do homem *negro* e a possessão do pênis do homem *negro* espelham a conexão entre desejo, inveja e destruição. O linchamento era uma forma muito poderosa de humilhação em uma sociedade governada por homens *brancos*. Quando o namorado conta a piada, ele também está castrando homens *negros*, ao representá-los como homens subjugados e humilhados.

Vale a pena associar a ideia do triângulo do racismo ao conceito psicanalítico do complexo de Édipo, já que estamos lidando com desejos hostis *brancos* em direção ao *sujeito negro*. Esse desejo de morte do rival – o homem *negro* – e o desejo sexual pela mulher *negra* estão extraordinariamente visíveis nesse episódio. O ódio enciumado do homem *negro* é tamanho que ele é morto pelo namorado e pelos dois membros *brancos* da KKK. De fato, o conflito é baseado numa relação triangular. A agressão direcionada à/ao "*Outra/o*" racial satisfaz a pulsão destrutiva do *sujeito branco* direcionado aos seus próprios pais. O *sujeito branco* satisfaz aparentemente seu ódio reprimido pela/o mãe/pai somente através do assassinato real e simbólico da mulher *negra*/homem *negro*. Isso permite que sentimentos positivos pela família se mantenham intactos, enquanto laços afetivos ambivalentes com a mãe/pai são permitidos aparecer – como uma fantasia inconsciente da invasão racial – por meio de *objetos* substitutos. *"Wer hat Angst vor dem schwarzen Mann? – Keine!"* Em outras palavras, o *sujeito negro* torna-se o elemento do ódio, substituindo os reais rivais, o namorado não pode matar seu pai – o rival –, em vez disso ele "mata" o homem *negro*, que se torna seu *objeto* de ódio e seduz a mulher *negra*, que, como sua mãe, é o *objeto* do desejo. Dentro do triângulo do racismo, o *sujeito branco* ataca ou mata o *sujeito negro* para abrir espaço para si, pois não pode atacar ou matar o progenitor – pelo menos não sem que seja penalizado. Por essa razão, Frantz Fanon (1967) declara que o complexo de Édipo é virtualmente um fenômeno ocidental. Uma família *negra* colonizada não reflete a nação colonizadora; a luta de Édipo não permite que a criança *negra* ganhe poder em uma sociedade colonial comandada por *sujeitos brancos*. Há uma desarmonia entre a socialização da infância e as expectativas da vida adulta e, como um resultado disso, argumenta Fanon, o conflito surge não do grupo de parentesco, mas a partir do contato com o mundo exterior *branco*.

9. "(...) Como se nós fôssemos pegar seus homens ou suas crianças" – Fantasias sobre a prostituta *negra* vs. A "mãe *negra*"

> Quando eu vejo mulheres *brancas* com crianças *negras*, eu vejo que elas têm medo de mim e... Há essa imagem da mulher *negra*

que vai roubar as crianças delas, e com homens é diferente, eles não têm, de fato, medo de mim, é mais uma coisa sexual... mulheres [brancas] nos veem como [competição], como se nós fôssemos pegar seus homens e suas crianças. Às vezes, quando eu ando na rua e vejo um casal, por exemplo, e eu olho para o homem ou para a mulher, eu consigo sentir que eles se sentem incomodados... eu tenho essa impressão. Ou uma mulher branca com uma criança, especialmente se a criança for *negra*, ela não quer que você olhe para a criança.

Essa fantasia da mulher *negra* roubando crianças e homens é muito coerente com memórias coloniais. Historicamente, mulheres *negras* têm tido essa função de serem corpos sexualizados e reprodutores de trabalhadoras/es (Collins, 2000; hooks, 1981; 1992); isto é, tem a função tanto de amantes como de mães. Durante a escravização, as mulheres *negras* foram sexualmente exploradas para criar filhas/os. Em seu ensaio *Sexismo e a Experiência das Mulheres Negras Escravizadas,* bell hooks (1981) escreve sobre como em anúncios de venda de escravizadas/os, mulheres africanas eram descritas por sua capacidade de procriação. Elas foram classificadas como "procriadoras de *escravas/os*", "mulheres em idade fértil", dentro do "período de reprodução", ou "velha demais para procriar" (hooks, 1981, p. 39). Esss eram as categorias usadas para descrever mulheres *negras*. Durante o colonialismo, seu trabalho foi usado para nutrir e prover a casa *branca*, enquanto seus corpos foram usados como mamadouros, nos quais as crianças *brancas* sugavam o leite. Existem imagens muito imponentes de *negritude* e maternidade.

O medo de que mulheres *negras* possam roubar crianças, como descrito por Alicia, pode estar ligado à imagem inconsciente das mulheres *negras* como mães *ideais*. Eu me lembro que Roma e Sinti têm uma função semelhante no imaginário *branco*: "Roma", dizem comumente, "são perigosas/os porque elas/ eles vêm para roubar crianças." Existe uma forte ligação entre a Outridade e a busca de afeto e maternidade. Quando Alicia fala sobre como as mães *brancas* não querem que ela, uma mulher *negra*, olhe para suas crianças, ela parece descrever esse medo. E já que algumas das mulheres *brancas* que Alicia descreve têm filhas/filhos *negras/os*, Alicia não é apenas imaginada como a mãe ideal, mas como a *verdadeira* mãe dessas crianças *negras*.

Essa imagem da mulher *negra* como "mãe" vem servindo como um controle de "raça", gênero e sexualidade. É uma imagem controladora que confina mulheres *negras* à função de serventes maternais, justificando sua subordinação e exploração econômica. A "mãe *negra*" representa a relação ideal de mulheres *negras* com a branquitude: como amorosa, carinhosa, confiável, obediente e serva dedicada, que é amada pela família *branca*.

No entanto, Alicia não se refere apenas a esse medo da "mãe *negra*", mas ao medo da mulher *branca* da "mulher *negra* sexualizada" e ao desejo masculino *branco*. E se mulheres *brancas* parecem temer que Alicia roube seus homens, homens *brancos*, por sua vez, a veem como um corpo sexualizado desejável. Essas imagens da mulheridade *negra* são "um reservatório" para os medos da cultura ocidental, onde "a mãe *negra*" e a "prostituta *negra* sexualmente agressiva" vêm representar essas funções femininas que uma "sociedade puritana" não pode enfrentar: o corpo, a fertilidade e a sexualidade. O racismo, portanto, constrói a mulheridade *negra* como um duplo – a "doméstica assexual obediente" e a "prostituta primitiva sexualizada" (Hall, 1992). É um processo de duplicação, pelo qual o medo e o desejo pela/o "*Outra/o*" são representações um do outro.

Como no último episódio, nessa constelação heterossexual há uma triangulação. Também aqui podemos ligar sedução e hostilidade em relação a Alicia com o complexo de Édipo, já que a rival da mulher *branca* é a mulher *negra*, enquanto o homem *negro* é seu *objeto* de desejo – de quem ela tem uma criança – e vice-versa, o homem *branco* sexualiza a mulher *negra*, mas matou o homem *negro* anteriormente.

10. "Eu era [competição] para ela, porque eu era *negra*, como sua criança" – Mulheres *negras*, crianças *negras*, mães *brancas*

> E uma vez eu estava [na rua] distribuindo pequenos cartões-postais de uma loja afro de um amigo meu, eu os entregava principalmente para pessoas *negras*, e de repente passou essa mãe *branca* com uma criança *negra* e, claro, eu dei a ela... e ela recusou. Ela se afastou, empurrando a criança. Foi uma situação estranha, parecia que... ela viu uma mulher *negra* chegando em sua direção, dando-lhe algo e ela não conseguiu lidar com aquilo... ela não estava curiosa ou algo do tipo, não... Ela estava com medo, meio irritada, como se não quisesse ter nada a ver com questões *negras*, mas acontece que ela tem uma criança *negra*! Eu fiquei muito brava com essa mulher... muito aborrecida, ela me lembrou da minha

mãe, com esse tipo de atitude. Ela recusou porque crianças *negras* são muito fofas, elas são como chocolate... mas os adultos são algo ameaçador. Eu representava uma ameaça para ela, e eu também era [competição] para ela porque eu era *negra* como a criança dela, e ela era *branca*.

Alicia descreve um triângulo que lembra a relação com sua mãe e com pessoas *negras* que elas, às vezes, encontravam na rua. Um triângulo desconfortável em que a mulher *negra* se identifica com a criança *negra*; a criança *negra* é afastada para o lado pela mãe *branca* que, por sua vez, recusa contato com a mulher *negra*. Essa descrição nos lembra como tal triangulação é dominada pela ambivalência da branquitude. A mãe parece ter dois pontos de vista coexistentes: um que percebe a criança *negra* como "boa", "fofa", "como chocolate", e outro que entende a mulher adulta *negra* como temível, irritante e perturbadora, alguém que a mãe quer evitar. A passagem inteira descreve a ansiedade de um encontro marcado pela competição em vez de pela identificação. Quem pode se identificar com quem? A criança *negra* com a mulher *negra*? Ou com a mulher *branca*, sua própria mãe? A mulher *negra* com a criança *negra*, que a faz lembrar a si mesma? A mulher *negra* com a mulher *branca*, que a faz lembrar de sua própria mãe e de si mesma como uma futura mãe? Ou a mulher *branca* se identifica com a mulher *negra* que a lembra de sua própria filha, uma futura mulher?

Tais identificações são despedaçadas pelo racismo, pois a criança é afastada de Alicia, causando uma separação irreparável entre elas. Essa separação levanta uma questão primária e conflituosa para a criança *negra*: Com quem ela deveria ser fiel? Com sua mãe *branca* ou com a mulher *negra*?

8. POLÍTICAS DA PELE

11. "Bom, mas para mim você não é *negra*!" – Fobia racial e recompensa

Uma vez essa mulher – nós estudamos juntas e ficamos amigas mesmo depois da escola –, e um belo dia tivemos essa conversa sobre pessoas *negras* e eu disse a ela como é ser *negra* aqui [na Alemanha] e que não é fácil para mim ser sempre a única *negra*. E ela disse: "Bom, mas para mim você não é *negra*. Eu não acho que você seja *negra*! Eu até me esqueço que você é *negra*!" e... e ela disse aquilo como se ela estivesse me fazendo um favor. Mas EU SOU *NEGRA*! Isso era o que minha mãe adotiva fazia todo o tempo, negava que nós éramos crianças *negras*, eu e meu irmão. Ela não dizia nada, ela nunca disse uma palavra... nós nunca conversamos sobre isso quando eu era pequena.

Essa passagem nos mostra o processo de invisibilização do visível. Quando Alicia revela sua própria realidade como uma mulher *negra* para sua amiga *branca*, a amiga, de súbito, reaje dizendo que Alicia não é *negra*. O que era visto de repente se torna invisível. Alicia é inesperadamente fantasiada como sem cor. Essa repentina incapacidade de ver "raça", uma vez que esta é mencionada por aquelas/es marcadas/os como racializadas/os, parece se relacionar a um mecanismo de negação[32] massivo, no qual a *negritude* é apenas admitida na consciência

---

[32] "Em alemão, *Verneinung* denota *negação* no sentido lógico e gramatical, mas também significa *recusa* no sentido psicológico de rejeição de uma declaração que eu fiz ou que foi atribuída a mim. Por exemplo: "Não, eu não disso: aquilo, eu não pensei aquilo." No segundo sentido, *Verneinung* se aproxima de *Verleugnung*: renegar, recusar, repudiar ou refutar (Laplanche e Pontalis, 1988, p. 262).

em sua forma negativa: "Eu não acho que você seja *negra*! Eu até me esqueço que você é *negra*!" Isso é perturbador para Alicia. Quando ela revela sua inquietante realidade de mulher *negra*, a ela é, no mesmo momento, dito que sua *negritude* não é significante. Tais confissões ambivalentes previnem que pessoas *brancas* sejam confrontadas, em suas vidas cotidianas, com a realidade de pessoas *negras* e com as formas pelas quais percebemos, experienciamos e sentimos essa realidade (Essed, 1991). Além disso, elas também impedem o *sujeito branco* de ter de lidar com o desconfortável fato de que diferenças existem e que essas diferenças surgem através de processos de discriminação. Nesse momento de revelação, o *sujeito branco* diz, repentinamente, ao *sujeito negro* que este é incolor: "Bom, mas para mim você não é *negra*!" A interrupção dentro da frase "mas para mim você não é" lembra Alicia não apenas dos medos e ansiedades *brancos* acerca da *negritude*, mas também de como sua própria vida foi moldada pelo medo de ser atacada por invasões fóbicas (Marriott, 1998). A fobia, nesse cenário, reside no mecanismo de negação, que expressa como se é odiada/o exteriormente: "Você não é *negra*." O que aconteceria se aquelas/es que negam ver sua *negritude* de repente a enxergassem? E por que elas e eles não podem vê-la de imediato? Por que precisam negá-la? Alicia percebe como pessoas *negras* são fantasiadas como negativas no inconsciente coletivo *branco* e observa como sua amiga se apressa em rejeitar tal fantasia: "E ela disse aquilo como se ela estivesse me fazendo um favor" – o "favor" de não identificar Alicia com o negativo. "Mas EU SOU *NEGRA*!" Ela diz, ofendida. Dentro dessa fobia racial, as pessoas *negras* só se tornam *negras* quando são consideradas a/o "*Outra/o*", o chamado *wildfremd*,[33] mas desde que Alicia não é vista por sua amiga nem como selvagem (*wild*) nem como estranha (*fremd*), ela, instantaneamente, não é *negra*, em absoluto: "[Não], mas para mim você não é *negra*." Isso permite que sentimentos positivos direcionados a Alicia permaneçam intactos, enquanto sentimentos repugnantes e agressivos contra a sua *negritude* são projetados para fora. Aqui podemos entender a função do "politicamente correto" que nos protege do imaginário tóxico do *sujeito branco*. Nossa preocupação não é o que o *sujeito branco* pensa, mas sim o fato de que não queremos ser invadidas/os por suas fantasias tóxicas e sujas.

12. "Meus pais adotivos usavam a palavra N. o tempo todo. Para mim eles usavam a palavra M. ..." – Racismo dentro da família

Meus pais adotivos sempre diziam *Neger*[34]... eles usavam essa palavra o tempo todo. Até eu mesma a usava quando criança,

---

33. A expressão alemã "*wildfremd*" pode ser traduzida por "estranha/o selvagem" e deriva do período colonial. Hoje em dia, ela é comumente usada na linguagem cotidiana para se referir a uma pessoa que não se conhece. Por exemplo: "*sie ist mir wildfremd*" – ela é "selvagemente" estranha para mim – significando "eu não a conheço".
34. N. da T. Essa palavra alemã, equivalente à palavra N. do inglês, é usada pejorativamente em relação a pessoas *negras* não apenas significando, na pior conotação, *negra/o*, "*escrava/o*", animal, ela também carrega consigo o cenário de ódio racial colonial até os dias de hoje, enunciando assim o ódio que racistas sentem contra o povo *negro*.

porque eu não sabia... e eu cresci com ela. Para mim, eles usavam a palavra *Mischling*,[35] que eu não gostava, às vezes, ela soava estranha... Eu sabia que algo estava errado com essa palavra, mas ela era diferente de *Neger*, de alguma forma, que parecia menos pior. A palavra *Neger* é muito forte, muito ofensiva... ela machuca muito... *Mischling* também, mas de alguma forma parece menos agressiva. Então meus pais adotivos me viam como uma *Mischling*, não como uma *Neger*.

Categorias como a palavra *N*. e a palavra *M*. proclamam uma hierarquia racial.[36] Ao descrever como tais categorias eram usadas por sua família para se referir a pessoas *negras*, Alicia revela a vulnerabilidade de sua posição dentro do próprio lar.

Essas classificações coloniais hostis fazem-lhe lembrar que ela ocupa um tipo de subcategoria que a separa do *N*., assim como das pessoas *brancas*; isto é, ela não está entre as/os rejeitadas/os nem entre as/os aceitas/os. Como *M*. ela está no meio. Ser chamada de *M*. revela, ao mesmo tempo, a hierarquia inconfundível entre *negras/os* de pele clara e de pele escura, uma hierarquia, para usar as palavras de Alicia, entre a descrição "menos pior" e a "pior": "Para mim eles usavam a

---

35. N. da T. Mestiça/o; híbrida/o; mulata/o.
36. A classificação em si atua como uma ferramenta conceitual do colonialismo. Seus princípios orientadores são divisão e classificação hierárquica e seu objetivo é o domínio do desconhecido. Não é por acaso que cientistas cuja incumbência era a tarefa de classificar plantas, animais e seres humanos muitas vezes acompanhavam empreitadas coloniais, "abrindo" um novo território para usos econômicos e políticos europeus.

palavra *M.*, que eu não gostava, (...) mas ela era diferente de *N.*, de alguma forma, menos ofensiva." Uma palavra estranha, ela argumenta, uma palavra ancorada na história colonial europeia e revivida durante o nazismo na Alemanha. Embora a palavra *M.* fosse comumente usada, Alicia sabia, quando criança, que algo estava errado com a mesma.

O termo *M.* foi inventado no século XVII durante a expansão europeia e deriva do latim *miscere*, que significa "mistura", ou em alemão *"mischen"'* ou *"vermischen"*. O verbo *"mischen"* combinado com o sufixo *"-ling"* faz referência direta a uma pessoa. Simbolicamente, o termo *M.* se relaciona à ideia de que alguém é "50/50", ou seja, meio a meio (*halb und halb*), "misturada/o" (*gemischt*) ou "nem um nem outro" (*weder das eine noch das andere*) marcando aquelas/es que são fruto de relacionamentos "inter-raciais" como anormais (Arndt e Hornscheidt, 2004). No entanto, é o princípio da superioridade racial em primeiro lugar – "raça pura" (*reine Rasse*) ou "manutenção da pureza de sangue" (*Reinhaltung des Blutes*) – que dá à palavra *M.* o seu significado. Uma criança de um relacionamento "misto" *branco* franco-alemão, por exemplo, não é categorizada como *M.* – apenas uma criança cujo pai ou a mãe é *branca/o* e tem o pai ou mãe "não *branca/o*". Isso corresponde a um período histórico durante o qual relacionamentos entre pessoas *negras* e *brancas, bem como sua prole*, eram proibidos, para que não houvesse a contaminação da "raça" *branca* por meio de suas/seus descendentes. Durante a era nazista na Alemanha, a palavra *M.* foi amplamente usada para rotular crianças de uniões proibidas entre duas "raças", pois as mesmas eram vistas como símbolos da degradação da "raça" *ariana*.

Nesse sentido, o termo *M.* emerge como um sinal de perturbação e inferioridade, estabelecendo a *branquitude* como a norma absoluta. O fato de esse termo ser sinônimo de perturbação e inferioridade fica nítido nos dicionários, onde a palavra *M.* está associada a outros termos degradantes como "bastarda/o", análogo a "ilegítima/o". Enquanto isso, mulata ou mulato, ambos derivados da palavra portuguesa *mula*, ou seja, o cruzamento entre um cavalo e uma jumenta (ou de um jumento e uma égua) são usadas especificamente para identificar as pessoas *negras* com ascendência *branca*. Mestizo (espanhol), *métis* (francês) ou mestiço (português) significa, por sua vez, "vira-lata", o cruzamento entre dois cães de duas "raças" diferentes, e são termos usados para as pessoas *negras* ou indígenas com ascendência *branca*. Todos esses termos têm uma conotação animal ofensiva e estão relacionados à ideia de infertilidade e proibição. Entretanto, como Alicia lembra, "parece, de alguma forma, menos agressiva [do que a palavra *N.*]. A palavra *N.* é muito forte, muito ofensiva... ela machuca muito... *M.* também, mas de alguma forma parece menos agressiva".

> E eu sempre pensei que não era vista como uma *Neger*, somente africanas/os ou pessoas *negras* de pele muito escura eram *Negers*, mas eu não. E, obviamente, quando eu era criança eu não queria ter nada a ver com elas ou ser como elas, porque sempre que eu ouvia uma pessoa branca falar sobre a/o *Neger* eu entendia que isso devia ser algo perigoso, algo muito... algo que eu não queria ter absolutamente nada a ver com... Isso é terrível, não é? Muito terrível... muito triste...

Uma situação alienante para Alicia, que está sendo ensinada por seus pais *brancos* a temer quem ela é: *negra*; a temer outras pessoas *negras*, que se tornam então *N*. Ao mesmo tempo, Alicia é ensinada a se identificar com o que ela nunca será: *branca*. Analisarei esse processo de alienação nesta passagem enquanto a origem da palavra *N*., seu significado e sua significação traumática serão examinados em outros episódios subsequentes relatados por Kathleen.

"Eu sempre pensei que não era vista como uma *N*.", diz Alicia, "somente africanas/os ou pessoas *negras* de pele muito escura (...) mas eu não." Suas palavras nos fazem compreender como ela foi forçada a se identificar com imagens de *negritude* que não são desejadas, mas sim impostas. A percepção de si ocorre, portanto, no nível do imaginário *branco* e é reforçada diariamente para o *sujeito negro* através de imagens coloniais, terminologias e línguas. "É em termos *brancos* que se conhece seus companheiros", escreve Fanon. "[A]s pessoas querem dizer algo de alguém, por exemplo, que ele é 'muito *negro*'; não há nada surpreendente, em uma família, em ouvir uma mãe comentar: "X é o mais *negro* dos meus filhos", significando que X é o menos *branco*" (Fanon, 1967, p. 163). A preocupação de Fanon é o fato de que o *sujeito negro* só pode existir em relação ao outro *branco*. A pessoa é forçada a olhar para si mesma *como se estivesse no lugar delas/es*. Aliás, Alicia descreve esse processo ao lembrar-se de como, em sua infância, ela não queria ter nada a ver com outras pessoas *negras* e não queria ser nada parecida com elas, pois toda vez que ela escutava pessoas *brancas* falando sobre "*N*", ela entendia que "*N*" devia ser algo ameaçador. Ela estava se vendo como se estivesse *no lugar delas/es*.

No entanto, o que mais ela poderia sentir se o propósito da palavra *N.* é exatamente esse, isto é, descrever o *sujeito negro* com muita repugnância e medo? Toda uma história de opressão colonial e estereótipos raciais é reafirmada através desse termo. "Terrível, não é? Muito terrível... muito triste", conclui Alicia, reconhecendo como fora tomada por uma imagem racial repulsiva que, de fato, não tem a ver com ela, mas com o imaginário *branco*.

13. "Eu não queria ser vista como uma *N.*, como elas eram – Deturpação e identificação

> [Quando eu era criança] quando pessoas *negras* olhavam para mim, eu sabia que eu tinha algo a ver com elas, mas não queria porque eu não queria ser vista como uma *Neger*, como elas eram. Eu pensava que havia algo muito errado com isso. Havia todas essas imagens terríveis de pessoas *negras* nos livros, por exemplo... ou na televisão, nas notícias, nos jornais, basicamente em todos os lugares. Em toda parte... Ainda hoje, isso é tão... Então, quando criança eu não queria ser como elas e, ao mesmo tempo, eu era uma delas, e eu sabia disso. Uma situação difícil...

Este cenário – agora Alicia é uma criança com sua mãe *branca*, sendo vista por outras pessoas *negras* – é o inverso da passagem anterior na qual ela, já adulta, olha para outras crianças *negras*. Aqui ela não está olhando, está sendo olhada. Esse olhar, em particular, de uma pessoa *negra* adulta para uma criança *negra* foi uma experiência perturbadora para Alicia, não por causa do domínio ou controle que o olhar *branco* incorpora, mas por causa do desconforto do momento da identificação. Com quem ela pode se identificar? E com o que ela está sendo identificada?

Mesmo quando está sendo olhada, Alicia identifica quem olha, mas não consegue se identificar com o que a/o espectadora/espectador venha a representar. A *identificação* tem duas dimensões diferentes: uma dimensão *transitiva*, no sentido de se "identificar alguém" e uma dimensão *reflexiva*, no sentido de "identificar-se com alguém" (Laplanche e Pontalis, 1988, p. 205-6). Quando criança, Alicia identificava aquelas/es que olhavam para ela como pessoas da Diáspora Africana (transitiva) e ela sabia que era uma delas, mas não conseguia se identificar com o que elas simbolizavam dentro e fora da família, a/o ameaçadora/ameaçador *N*. (reflexivo). Essa cena retrata a luta à qual o *sujeito negro* é submetido, uma luta para se identificar *com o que se é*, mas não *como se é visto* no mundo conceitual *branco* – uma ameaça.

Alicia tinha medo de olhar para outras pessoas *negras*, não por causa *do que elas eram* – negras –, mas por causa de *como a negritude era vista* – como uma ameaça. O medo de olhar de volta se dava em resposta à situação opressiva de ter de se identificar com uma imagem ameaçadora que ela não podia reconhecer como sendo de si mesma. Essa não é uma luta entre uma adulta *negra* que está olhando para uma criança *negra*, que evita retribuir o olhar, mas entre a criança *negra* e as fantasias *brancas* que ela internalizou. Uma "situação difícil" para a pequena Alicia: para quem ela pode olhar? E com quem ela pode se identificar? Com a pessoa *negra* que olha e que é identificada como ameaçadora? Ou com a mãe *branca*, que identifica a *negritude* como uma ameaça? O olhar do *sujeito negro* é, de fato, perturbador porque expõe essa realidade definitivamente alienante. Talvez esse conflito não ocorresse, se a mãe *branca* de Alicia, como ela diz em seus episódios anteriores, houvesse refletido sobre sua própria branquitude e fosse capaz de lidar com a *negritude*. A criança Alicia, por conseguinte, carrega o conflito de sua mãe adulta.

Outro aspecto levantado nesta passagem é como o *sujeito negro* se encontra forçado a se identificar com a branquitude, porque as imagens de pessoas *negras* não são positivas. "Havia todas essas imagens terríveis de pessoas *negras* nos livros, (...) ou na televisão, nas notícias, nos jornais, basicamente em todos os lugares. Em toda parte..." Alicia retrata o poder do colonialismo no mundo contemporâneo. Mesmo antes de uma criança *negra* ter lançado o olhar para uma pessoa *branca*, ela já foi bombardeada com a mensagem de que a *branquitude* é tanto a norma quanto superior, diz Fanon. Revistas, quadrinhos, filmes e televisão coagem a criança *negra* a se identificar com os outros *brancos*, mas não consigo mesma. A criança é forçada a criar uma relação alienada com a *negritude*, já que os heróis desses cenários são *brancos* e as personagens *negras* são personificações de fantasias *brancas*. Apenas imagens positivas, e eu quero dizer imagens "positivas" e não "idealizadas", da *negritude* criadas pelo próprio povo *negro*, na literatura e na cultura visual, podem desmantelar essa alienação. Quando pudermos, em suma, nos identificar positivamente com e entre nós mesmos e desenvolver uma autoimagem positiva.

9. A PALAVRA N. E O TRAUMA

14. "Que N. linda!" – A palavra N. e o trauma[37]

Eu não me lembro da primeira vez que alguém, de fato, colocou as mãos em mim, para checar como pessoas *negras* são... É muito frequente pessoas brancas tocarem nosso cabelo ou nossa pele para sentir como somos. Eu não me lembro da primeira vez (...) Mas eu lembro que meu namorado tinha uma professora de piano e, um dia, eu fui buscá-lo em uma dessas aulas. A professora tinha uma filha pequena, que, ao me ver, começou a falar: "*Die schöne Negerin! Wie toll die Negerin aussieht. Die schönen Augen, die die Negerin hat! Und die schöne Haut, die die Negerin hat! Ich will auch Negerin sein!*" [Que *Negerin*[38] linda! A *Negerin* parece tão legal. E os olhos lindos que a *Negerin* tem! E a pele linda que a *Negerin* tem! Eu também quero ser uma *Negerin*!"] E eu ouvi esta palavra: *N., N., N., N.*, repetidamente.

Uma interessante combinação de palavras, na qual uma palavra positiva, "linda", é seguida por uma muito traumática, a palavra *N*. É um jogo de palavras doces e amargas que dificulta a identificação do racismo. Kathleen está sendo chamada de ambas: "linda" e *N*. A primeira mascara a segunda; a segunda, no entanto, afirma sua posição como subordinada em relação às pessoas *brancas*.

A palavra *N*. não é uma palavra neutra, mas um conceito colonial inventado durante a Expansão Europeia[39] para

---

37. Partes desse episódio foram publicadas in Kilomba, 2004.
38. N. da T. Feminino de *Neger*.
39. Eu uso o termo "Expansão Europeia" para evitar o termo colonial comum "descobrimento". A ideia "do descobrimento de África" só pode

designar todas/os as/os africanas/os subsaarianas/os (Essed, 1991; Kennedy, 2002). Ela é, portanto, um termo localizado dentro da história da escravização e da colonização, ligado a uma experiência coletiva de opressão racial, brutalidade e dor. Neste episódio, eu quero explorar a relação direta entre a grafia da palavra N. e o trauma – como Kathleen descreve, o som agonizante da palavra N."repetidamente".

Originalmente, a palavra N. deriva da palavra latina para a cor preta: *niger*. Porém, no final do século XVIII, a palavra N. já havia se tornado um termo pejorativo, usado estrategicamente como forma de insulto para implementar sentimentos de perda, inferioridade e submissão diante de pessoas *brancas* (Kennedy, 2002). Nesse sentido, quando a palavra N. é proferida, a pessoa que o faz não se refere somente à cor da pele *negra*, mas também à cadeia de termos associados à palavra em si: primitividade – animalidade – ignorância – preguiça – sujeira – caos, etc. Essa cadeia de equivalências define o racismo. Nós nos tornamos a corporificação de cada um desses termos, não porque eles estão inscritos fisicamente na superfície de nossas peles e não porque eles são reais, mas por causa do racismo, que, como mencionei anteriormente, é discursivo e não biológico; funciona através do discurso, através

---

existir quando o continente é fantasiado e conceitualizado como um espaço sem história prévia, um espaço cuja história começou após a chegada de europeus e europeias. A história, culturas e civilizações de povos de África, portanto, vêm a coincidir com a branquitude – um conceito racista reproduzido continuamente em escolas, bem como em livros de viajantes: "Angola: Angola foi descoberta por...", "O Kênia: com a chegada de...".

de uma cadeia de palavras e imagens que se tornam associativamente equivalentes, mantendo identidades em seu lugar. Assim, ser chamada/o de *N*. nunca significa ser chamada/o apenas de *negra/o*; é ser relacionada/o a todas as outras analogias que definem a função da palavra *N*. Isso é experimentado como um choque, privando alguém de sua própria ligação com a sociedade. Esse choque violento é o primeiro elemento do trauma. Ao ouvir a palavra *N*., a ligação de Kathleen com a sociedade é abruptamente interrompida, pois ela está sendo lembrada de que, inconscientemente, essa sociedade é pensada como *branca*. E, aos olhos da menina *branca*, Kathleen é apenas uma *N*.

No momento em que Kathleen é chamada de *N*., ela está sendo colocada em uma cena colonial. O termo reafirma uma relação entre *brancas/os* e *negras/os* que está enraizada em uma dicotomia entre senhor e escravizado; Kathleen deveria ocupar o lugar de uma *N*. "A *Negerin* parece tão legal", diz a menina sobre Kathleen. Esse momento de surpresa e dor descreve o racismo cotidiano como uma *mise-en-scène*, onde pessoas *brancas*, de repente, se tornam sinhás/senhores simbólicas/os e *negras/os* através do insulto e da humilhação tornam-se escravizadas/os figurativas/os.

Há uma dinâmica de *orgulho-vergonha* nesse relacionamento colonial. Enquanto a mulher *negra* é humilhada e desonrada em público, aquelas/es que a ofenderam têm a chance de desenvolver um senso de poder e autoridade, diretamente ligado à sua degradação. Essa cena revive, assim, um trauma colonial. A mulher *negra* continua a ser o *sujeito* vulnerável e exposto, e a menina *branca*, embora muito jovem, permanece a autoridade satisfeita. A posição subordinada de uma (desonra/vergonha) garante a posição de poder da outra (honra/orgulho). Nesse sentido, toda a performance do racismo cotidiano pode ser vista como uma reatualização da história, colocando Kathleen de volta em uma ordem colonial, onde ela experiencia desonra e vergonha.

De repente, o colonialismo é vivenciado como real – somos capazes de senti-lo! Esse *imediatismo*, no qual o passado se torna presente e o presente passado, é outra característica do trauma clássico. Experiencia-se o presente como se estivesse no passado. Por um lado, cenas coloniais (o passado) são reencenadas através do racismo cotidiano (o presente) e, por outro lado, o racismo cotidiano (o presente) remonta cenas do colonialismo (o passado). A ferida do presente ainda é a ferida do passado e vice-versa; o passado e o presente entrelaçam-se como resultado.

15. "Que pele linda... Eu também quero ser uma N. ...!" – Inveja e desejo pelo *sujeito negro*

No episódio narrado por Kathleen, a menina não apenas invoca o processo de desonra e vergonha; ela também revela um desejo de ser *negra*. Contemplando o corpo da mulher *negra*, ela admite querer se tornar *negra*, ter um corpo *negro* também: "Os olhos lindos que a *Negerin* tem! E a pele linda (...) eu quero ser uma *Negerin* também!", declara.

O racismo surge aqui na forma de paixão pelo "exótico" e "primitivo". O corpo de Kathleen é celebrado e apreciado. Contudo, ainda no reino do primitivismo. Esse desejo de tornar-se *negra/o* ou o desejo pela *negritude* estão profundamente incrustados na fantasia de que as/os "*Outras/os*" raciais estão mais próximos da natureza e da autenticidade e, portanto, têm acesso a algo que *brancos* e *brancas* perderam (hooks, 1992). As pessoas *negras* tornam-se a representação daquilo que a sociedade *branca* tem empurrado para o lado e designado como perigoso, ameaçador e proibido. Tais projeções, no entanto, são as dimensões que tornam a vida excitante e vívida. Essas proposições/projeções formam, então, a base da inveja racial primariamente inconsciente, onde há o desejo "de possuir alguns dos atributos desejados das/os ('*Outras/os*') e, ao mesmo tempo, o desejo de que a/o '*Outra/o*' seja destruído porque ela/ele representa algo entendido como ausente no eu." (Sernhede, 2000, p. 314). No mundo conceitual branco, em outras palavras, o *sujeito negro* torna-se um *objeto* de desejo que deve simultaneamente ser atacado e destruído.[40] Kathleen parece ser desejada – ela é um *objeto* do exotismo –, mas sua posição como *objeto* de desejo racial não pode ser dissociada da inveja envolvida. A qualquer momento, Kathleen pode ser transformada de uma mulher *negra* fascinante em uma *N*. humilhada, de uma mulher exótica em uma

---

40. Durante o colonialismo, o estupro racial e o linchamento eram os exemplos mais cruéis dessa inveja. O estupro, isto é, o ato de possuir e violar o corpo da mulher *negra*, era prática comum, assim como o linchamento de homens *negros* acusados de terem tido relações sexuais com mulheres brancas ou de terem meramente falado com elas, assobiado, ou de terem tentado se aproximar delas. O corpo *negro* é, ao mesmo tempo, desejado sexualmente e destruído fisicamente.

Scheißausländerin,⁴¹ de boa em ruim, de doce em amarga, de acordo com os medos e desejos de seu entorno *branco*. Além disso, a menina faz referência exclusivamente ao corpo – à pele e aos olhos – distinguindo Kathleen no nível corporal, "absolutamente como o não-eu". (Fanon, 1967, p. 161). Fanon usa o esquema do espelho de Lacan para explicar por que, no mundo *branco*, pessoas *negras* são reduzidas a um corpo. Quando entendemos o mecanismo descrito por Lacan, escreve Fanon (1967, p. 161), "não se pode duvidar de que o verdadeiro outro para o homem *branco* é e continuará sendo o homem *negro*". O *sujeito negro* é usado como contrapartida para o *sujeito branco*, como uma imagem espelhada que é reduzida à fisicalidade. Somos percebidas/os como imagens de corpos – dançarinas/os, cantoras/es, artistas e atletas de arenas *brancas*.

16. "Você sente essa dor nos seus dedos" – A dor indizível do racismo

> E daí... então... eu me lembro de sentir pela primeira vez... esse tipo de dor física porque alguém me chamou daquela palavra. Você sente essa dor nos seus dedos, há alguma coisa... eu nunca havia sentido aquilo antes no meu corpo... Aquela foi a primeira vez, quer dizer, eu lembro vagamente de uma vez que alguém me chamou de "*Negerin*" quando eu era bem pequena, e foi isso.

Foi precisamente o som da palavra *N*., e todo o significado torturante por trás dela, que chocou e alarmou Kathleen. Falo de

---

41. Tradução: *"Estrangeira de merda"*.

"alarme" porque a palavra expressa de forma muito eficiente os horrores do racismo, relembrando a dor que, mais uma vez, descreve o conceito do trauma. Kathleen ouve repetidamente a palavra que historicamente a classifica e posiciona como "uma raça inferior", como um *sujeito* abusado e excluído. Apesar de ter sido – ou mesmo porque foi – falada por uma criança, a violência simbólica da palavra N. não some nem desaparece.

Aparentemente, a dor infligida ao corpo é a expressão da ferida interior causada pela violência da palavra N.: como Kathleen diz ter sentido "esse tipo de dor física porque alguém [a] chamou daquela palavra". Temos aqui um paralelismo interessante: o racismo pretende causar dano, fazer mal ao *sujeito negro* (*schlecht machen*), e o *sujeito negro*, de fato, se sente fisicamente ferido, se sente mal (*sich schlecht fühlen*). A necessidade de transferir a experiência psicológica do racismo para o corpo expressa a ideia de trauma no sentido de uma experiência indizível, um evento desumanizante, para o qual não se tem palavras adequadas ou símbolos que correspondam. Geralmente, ficamos sem palavras, emudecidas/os. A necessidade de transferir a experiência psicológica do racismo para o corpo – o soma – pode ser vista como uma forma de proteção do eu ao empurrar a dor para fora (somatização).

A experiência do racismo, por ser tão hedionda, não pode, de fato, ser compreendida cognitivamente e a ela ser atribuído um sentido. Em vez disso, "ela permanece não processada – como não 'conhecimento' em sua acepção usual –, porém é sentida no corpo" (Kapla, 1999, p. 147). A agonia do racismo é, portanto, expressa através de sensações corporais expelida para o exterior e inscrita no corpo. A linguagem do trauma é, nesse sentido, física, gráfica e visual, articulando o efeito incompreensível da dor. "Esse tipo de dor física" e " a dor nos dedos" relatada por Kathleen ilustra a violência traumática e a perda envolvidas na experiência do racismo cotidiano. Ser chamada de N. também faz Kathleen ser lembrada de sua vulnerabilidade entre pessoas *brancas* que podem jogar com a brutalidade do holocausto africano quando bem entendem. A branquitude torna-se assim um sinal de ameaça e terror. bell hooks (1995, p. 46) escreve que pessoas *negras* sempre "vivem com a possibilidade de serem aterrorizadas pela branquitude", fazendo a associação da branquitude com o terror. Essa violência apavorante, no entanto, é, na maior parte das vezes, exercida de maneiras sutis. Philomena Essed argumenta: "Nós reconhecemos o racismo mais facilmente quando ele é expresso abertamente e de maneiras diretas. Contudo, a experiência tem mostrado que pessoas *brancas*, muitas vezes, consciente ou inconscientemente, dissimulam suas próprias intenções racistas no contato com pessoas *negras*. O que, por sua vez, pode tornar mais difícil para pessoas *negras* denunciarem um tratamento discriminatório em determinada situação" (1990, p. 33). Assim, reformulo a frase que escrevi anteriormente: o jogo de palavras doces e amargas não apenas dificulta a identificação do racismo; ele também é uma forma de produzir racismo. A dificuldade de identificar o racismo não é apenas funcional para o racismo, mas é também uma importante parte do racismo em si.

17. "Todo mundo é diferente (...) E isso torna o mundo maravilhoso..." – O teatro do racismo e sua triangulação

> A mãe da menina primeiro estava muito constrangida e tentava falar sobre como todo mundo é diferente e quão maravilhoso isso é... e eu não me lembro exatamente o que ela disse, eu nem a entendi muito bem. Mais tarde, minha amiga traduziu para mim e disse que ela estava falando sobre como todos somos diferentes, existem pessoas *negras*, existem judeus também, e isso é o que torna o mundo maravilhoso, algo assim... Eu me lembro que meu namorado também não sabia o que fazer... e... eu não sei... humm... eu não sei o que eu fiz para superar aquilo.

Kathleen descreve aqui o cenário central do racismo, o espaço no qual o racismo é jogado e onde cada jogadora/jogador tem um papel bem específico: a menina *branca* como a que ofende, Kathleen como a mulher *negra* destacada e discriminada, a ofendida; a mãe *branca* e o namorado *branco* como aquela e aquele que observam em silêncio. Essa é a típica constelação triangular do racismo. Chamo-a de triangular por conta das três personagens e das três funções que tornam o racismo possível: primeiro, a atriz que performa o racismo; segundo, o *sujeito negro* que se torna *objeto* da agressão racista; e, finalmente, o consenso da plateia *branca*, que observa a performance.

Essa constelação me remete ao episódio clássico de Frantz Fanon, no qual o menino do lado da mãe expressa seus medos raciais do homem *negro*, ofendendo-o: "Mamãe, um *p.*!... Não ligue, *monsieur*, ele não sabe que o senhor é tão civilizado quanto nós..." (Fanon, 1967, p. 113), diz a mãe a Fanon. "Olha como esse *p*. é bonito!" (Fanon, 1967, p.114), diz ela para seu filho, apontando para Fanon. Na narrativa de Kathleen, a mãe da menina aponta para Kathleen, explicando como todos somos diferentes e como "isso é maravilhoso". Tais comentários cordiais não conseguem, no entanto, apagar o sentimento de ser "dissecada," de ter seu corpo "devolvido distorcido" (Fanon, 1967, p. 113), enquanto se é descrita com contemplação e desdém. Fanon torna-se um *"p*. bonito", assim como Kathleen é uma *"N* linda" – o jogo de palavras doces e amargas.

Certamente, pode-se argumentar que a menina, ainda uma criança, não é nem racista nem agressiva; ela está apenas curiosa e não tem más intenções. Mas por que Kathleen deveria desaparecer abruptamente do cenário para que se possa falar da menina? Como a personagem principal, de repente, torna-se periférica e a menina *branca* passa a ocupar o centro? Não é essa configuração, na qual pessoas *brancas* são colocadas no centro e as pessoas *negras* nas margens como *sujeitos* sem voz, uma coreografia do racismo? E por que parece mais fácil sentir empatia pela menina *branca* insolente do que pela mulher *negra* que foi ofendida? Nós deveríamos perguntar também se aquelas/es ocupadas/os em proteger a menina não estão, na verdade, protegendo a si mesmas/os, considerando que o que a criança diz é parte do que ela ouve seus próprios pais dizerem.

Essa cena retrata a relação "raça"-gênero e a assimetria de poder entre mulheres negras e mulheres *brancas*. Kathleen é uma mulher *negra* adulta, que está sendo, antes de mais nada, insultada por uma criança *branca* e, então, exposta e ensinada pela mãe *branca*, na frente do homem *branco*. O encontro entre a menina *branca*, a mãe *branca* e a mulher *negra* objetificada – tudo acontecendo em frente ao homem *branco* – levanta questões relacionadas com autoridade racial e gênero. Ademais, nessa constelação, as pessoas que observam são observadoras especiais, da cena da mãe tentando educar sua própria filha. Ela explica para a criança que "existem pessoas *negras*, e também judeus" – uma situação desonrosa para Kathleen, que é primeiro um *objeto* do desprezo e da ofensa *branca*, para então ser um *objeto* de educação, com o qual a pequena menina deveria aprender sobre as pessoas do mundo. Em ambos os papéis, Kathleen está satisfazendo espectadoras/es *brancas/os* que ganham independentemente de sua presença. A servidão está sendo imposta, de forma desconcertante, sobre Kathleen.

O uso de tais argumentos "*multi-kulti*"[42] – "todos somos diferentes, e é isso que torna o mundo maravilhoso" – apoia a visão da menina que deve ser, de fato, ótimo ser uma N. Aqui, as diferenças entre as pessoas estão sendo explicadas em termos estéticos, mas não em termos políticos. A garotinha aprende que "*Outras/os*" raciais tornam-se diferentes porque têm aparências diferentes, não porque são tratadas/os de modo diferenciado. A enunciação da diferença é construída de uma forma que supõe que grupos racializados são

---

42. N. da T. *Multi-kulti* ou *multikulti* é um slogan de políticas públicas do multiculturalismo e tem origem nos movimentos alemães progressistas das décadas de 1970 e 1980. Sabe-se que políticas integracionistas não obtiveram muitos resultados na Alemanha, esvaziando o slogan de sentido e tornando-o, assim, motivo de ironia e crítica à suposta e sonhada Europa multicultural que, cada vez mais, vem se fechando para as diferenças.

uma ocorrência preexistente, em vez de uma consequência do racismo. Como resultado, a menina é ensinada que pessoas sofrem discriminação porque são diferentes, quando na verdade é o contrário: as pessoas se tornam diferentes através do processo de discriminação. Kathleen não é uma N. por causa de seu corpo *negro*, mas ela se torna uma através de discursos racistas fixados na cor da sua pele.

10. SEGREGAÇÃO E CONTÁGIO RACIAL

18. *"Brancas/os* de um lado, *negras/os* do outro" –
Segregação racial e fantasias *brancas* de contágio racial

> Eu cresci em uma cidade chamada Y. Ela não é uma cidade grande e lá se tem aquela sensação de cidade pequena (...) A cidade é dividida, tem o leste de Y e o oeste de Y. O leste de Y é onde a maioria das pessoas *negras* mora e o oeste de Y é onde as pessoas *brancas* moram, mais ou menos... Tem o leste da rua Franklin e o oeste da rua Franklin... Eu acho que é isso mesmo... talvez até seja o contrário, não tenho certeza quem está do lado oeste e quem está no leste, mas há uma divisão muito evidente... *brancas/os* de um lado, *negras/os* do outro. Esse é o lugar onde eu fui criada.

Ao descrever a cidade onde cresceu, Kathleen fala de uma divisão, uma delimitação geográfica que separa as pessoas *negras* das *brancas*. Visualmente, sua cidade pode ser compreendida em termos raciais, e "raça" pode ser usada como uma orientação geográfica ou até mesmo como um marco territorial. Aqui cada grupo tem "seu próprio lugar". A necessidade de regular a distância física de pessoas *negras* e de definir as áreas que elas mesmas podem usar, revela uma dimensão muito importante do racismo cotidiano relacionada a fantasias de contágio racial.

Áreas *negras* segregadas representam lugares com os quais pessoas *brancas* não se importam, ou não ousam ir, e dos quais mantêm uma distância corpórea específica. Ao descrever essa distância física, David Marriott (1998) fala de "ansiedades e medos raciais *brancos* sobre contágio somático". A divisão entre os lados leste e oeste é um lembrete geográfico acerca das fronteiras que o *sujeito negro* não pode transgredir, para não contaminar o território *branco*. Tal geografia evidencia uma assimetria de poder na qual a *branquitude* define sua própria área e a *negritude* é confinada a uma determinada área definida pela *branquitude*. Essa era a principal função da ideologia segregacionista, confinar as/os "*Outras/os*" raciais.

A divisão geográfica resultante dessa coreografia racista pode ser vista como uma fronteira ou membrana entre o mundo das/os "superiores" e o mundo das/os "inferiores", entre o "aceitável" e o "inaceitável", entre as/os "boas/bons" e as/os "más/maus", entre "Nós" e as/os "*Outras/os*", evitando a contaminação das/os primeiras/os pelas/os segundas/os. De maneira simbólica, essa membrana que separa ambos os mundos me lembra as luvas brancas que as pessoas *negras* eram forçadas a usar ao tocar o mundo *branco* – um material fino e elegante que funcionava como prevenção médica contra a contaminação somática. As luvas brancas eram como uma membrana, uma fronteira separando fisicamente a mão *negra* do mundo *branco*, protegendo pessoas *brancas* de serem, eventualmente, infectadas pela pele *negra* – pois, no imaginário branco, a pele *negra* representa tudo que é "inferior", "inaceitável", "mau", "sujo" e "infectado". A *branquitude* das luvas mascarava as mãos *negras* e a pele *negra* das mãos era escondida atrás da brancura das luvas. Uma situação perversa: as luvas protegiam *brancas* e *brancos* de seu medo primário do contágio racial e, ao mesmo tempo, evitavam que *negras* e *negros* tocassem os privilégios *brancos*.

A ideia de uma membrana que contenha ou restrinja a *negritude* torna-se real em bairros *negros* segregados, onde pessoas *negras* são alocadas em áreas marginalizadas, à margem, impedidas de terem contato com recursos e bens *brancos*. A guetificação foi criada para promover o controle político e a exploração econômica de pessoas *negras*. Então, o que acontece quando *negras* e *negros* atravessam essa membrana e entram em espaços *brancos*?

19. "O bairro onde eu estava morando era *branco*" – Atravessando as fronteiras e hostilidade

> O bairro onde eu morava era *branco*, todo mundo lá era *branco*. Eu me lembro de um vizinho *negro* que tínhamos, era um casal, moravam a duas quadras de nós, tinham uma casa linda, tinham um quintal que mantinham perfeito, era um quintal perfeito! Eu lembro que (...) era um bairro *branco*! Eu tinha uma amiga, uma amiga de infância, nós ainda somos muito amigas até hoje. Essa era a outra família *negra* lá ... (*risos*). Bem, a mãe dela, ela é professora de psicologia na universidade, e a família dela era uma família *negra* de profissionais com quem tivemos contato (...) Mas essa era realmente a única outra família *negra*, eu acho, com quem poderíamos nos identificar. Nós nos identificamos com essa família em relação a classe e também racialmente.

Kathleen fala de isolamento. Ela descreve uma constelação na qual sua própria família e outra família *negra* foram posicionadas como solitárias no coletivo *branco* – como ela diz, com exceção dessas duas famílias *negras*, "todo mundo lá era *branco*". A constelação na qual pessoas *negras* são colocadas em posição solitária é uma configuração resultante da segregação e, portanto, uma expressão do racismo; o isolamento de *negras* e *negros* é uma estratégia para reassegurar a supremacia *branca*. Como em uma triangulação, o *sujeito negro* tem de ser destacado, isto é, isolado, para não desmantelar o consenso *branco*: uma pessoa *negra* tudo bem, é até interessante, duas é uma multidão. Nesse sentido, o isolamento anuncia o racismo: todo mundo lá era *branco* porque a maioria das pessoas *negras* não podia entrar. Elas eram mantidas "em seu lugar", impedidas de "tomar o lugar delas/es".

Tal isolamento racial revela o quão restrito é o acesso que pessoas *negras* têm aos chamados "bairros integrados", que oferecem melhores condições de vida e de educação. "Onde você pode ver pessoas *negras*? E onde não?" A segregação habitacional baseada na "raça" existe na Europa.[43] As pessoas *negras* expostas, em determinado bairro, à grande maioria *branca*, "estão conscientes dos sentimentos hostis da vizinhança, que reluta em aceitar pessoas *negras* na 'sua' rua". (Essed, 1991, p.216) A descrição de Kathleen permite-nos reconhecer que, apesar de estar em um ambiente *branco*, ela parece não ter tido contato ou acesso a sua vizinhança; descrita como uma massa anônima, em oposição às famílias *negras*, especialmente quando ela fala de sua amiga de infância. Essa falta de proximidade com os membros do grupo dominante é comum,

---

43. Nos Estados Unidos, é comum que agências imobiliárias usem cotas para determinar a porcentagem máxima de pessoas *negras* permitidas em um bairro. É implicitamente suposto que "expor" a população branca a muitas pessoas *negras* é injusto (Essed, 1991).

argumenta Philomena Essed (1991), uma vez que as/os vizinhas/os *brancas/os*, muitas vezes, evitam ou se afastam do contato social com as/os vizinhas/os *negras/os*.

O isolamento revela como a vida de pessoas *negras* é modelada por uma ansiedade introjetada de serem atacadas por medos *brancos* de contágio. Em termos psicanalíticos, a ansiedade responde exatamente a alguns fatores ainda não reconhecidos: *Por que há pouquíssimas pessoas negras aqui? O que isso poderia significar? Estou segura/o aqui?* Não se pode evitar a associação do próprio isolamento com o medo *branco* de ser contaminado pela *negritude* e, consequentemente, com um medo introjetado de que alguém possa ser atacado, quando se é percebida/o fantasmagoricamente como "sujeira" no território "delas/es".

A ideia de sujeira está relacionada à ordem. Suja está qualquer coisa que não esteja no lugar certo. Implicitamente, as coisas não são sujas por si mesmas, mas tornam-se sujas quando posicionadas em um sistema de ordenação que não tem lugar para elas. Uma colher colocada em uma travessa ou em um prato, por exemplo, não é vista como suja, mas fica suja quando colocada sobre a mesa, sujando a toalha de mesa. Fisicamente, a colher em si não mudou, mas a ordem sim. Costuma-se dizer que a colher pertence ao pires, e assim que a colher toca a mesa, ela não está mais no lugar certo – portanto está suja. Assim como as mãos *negras*: elas estão limpas e "em seu lugar" – servindo – desde que estejam mascaradas pelas luvas brancas, caso contrário são percebidas como "sujas". Esse esquema de limpeza *versus* sujeira e de lugar dentro de um sistema de ordenação, segundo Mary Douglas (1966, citada em

Mecheril, 2000), pode ser usado para entender a segregação racial e a relutância em ter pessoas *negras* em espaços *brancos*. Aquelas/es segregadas/os são vistas/os como "sujas/os", a partir do momento em que transgridem o sistema de ordenamento que as/os posicionam à margem, como marginais. Nas margens, elas e eles não são "sujas" ou "sujos", mas devido ao fato de o sistema não fornecer um lugar para tais pessoas como iguais, elas se tornam contagiosamente sujas assim que adentram o centro, onde estão fora de sua ordem e, por isso, são vistas como "sujas/os". Em seus ensaios, Paul Mecheril (2000) usa um vocabulário estético para narrar a exclusão e a segregação. Ele fala do uso da "beleza" e da "feiura" no contexto da diferença racial dentro da nação. As/Os *"Outras/os"* raciais e sua presença são vistos como a causa da "feiura nacional" porque se imagina que antes de sua chegada a nação era "bonita". No entanto, agora a nação está "feia". É a presença de não nacionais na nação, das e dos não-Nós no espaço do Nós, que torna a nação feia, desfigurando-a, infectando-a, sujando-a. Esse esquema estético de beleza e feiura constrói diferenças entre pessoas de dentro e pessoas de fora.

11. PERFORMANDO *NEGRITUDE*

20. "Se eu fosse a única estudante *negra* na sala, eu tinha, de certa forma, de representar o que aquilo significava" – Performando perfeição e representando a "raça"

> Eu acho que tive uma ótima experiência quando criança (...) Meus pais fizeram questão de me dizer que eu era especial (...) Meu pai fez questão de que pudéssemos competir com todo mundo, com todos! Eles nunca falaram especificamente de pessoas *brancas*, estudantes *brancos*... mas eu estava cercada de pessoas *brancas*. E era bastante evidente o que eles queriam dizer com aquilo. Mas foi muito importante competir e ser competitiva... e me destacar também. Se eu fosse a única estudante *negra* na sala, eu tinha, de certa forma, de representar o que aquilo significava. Representar que nós somos tão inteligentes, se não, até melhores que as outras e outros.

Kathleen torna-se uma representante da "raça". Esse status de ter de representar a *negritude* anuncia o racismo: ela tem de representar aquelas/es que não estão lá, e pessoas *negras* não estão lá porque seu acesso às estruturas é negado. Um círculo duplo, de inclusão e exclusão. E é precisamente essa posição de destaque, de incluída em um espaço de exclusão, que torna Kathleen um exemplar da sua "raça": "eu tinha, de certa forma, de representar o que aquilo significava". Ser incluída/o sempre significa representar as/os excluídas/os. E é por isso que, geralmente, nos é forçado o papel de representantes da "raça". Acabamos representando todos os outros. Kathleen é, assim, não apenas vista como *uma* "raça", mas também reconhece em si mesma a responsabilidade de ser *a* "raça".

Esse processo de identificação absoluta – ou essencialismo – no qual uma pessoa é vista meramente como uma "raça" é somente possível porque no racismo nega-se, para *negras* e *negros*, o direito à subjetividade. Kathleen não é apenas Kathleen; ela é um "corpo", ela é uma "raça", ela é uma "história". Ela existe nessa triplicidade. Presa nessa pessoa tripla, é preciso ser ao menos três vezes melhor do que qualquer pessoa *branca*, para se tornar igual. Enquanto aquelas/es na classe têm o privilégio de existir na primeira pessoa, Kathleen existe na pessoa tríplice. Enquanto "*outras/os*" *brancas/os* falam como indivíduos, como Sally, Christine ou John, Kathleen fala como um corpo, como uma "raça", como uma descendente de pessoas que foram escravizadas. A ela são dados três lugares para representar. "Havia lendas, histórias, a História e, sobretudo, a historicidade" sobre quem se é, escreve Fanon (1967, p. 112), e se acaba representando todas elas. Fanon descreve sua existência tripla, ao tornar-se responsável pelo seu próprio corpo, pela sua própria "raça" e por suas e seus ancestrais, assim como Kathleen. Em qualquer sala que ela entre, ela nunca é ela mesma, mas sim o grupo todo – um grupo sujeito a verificação severa. "Explodiam meus tímpanos com tambores, canibalismo, deficiência intelectual, fetichismo, defeitos raciais, navios negreiros", conclui Fanon, que chama o fenômeno de "esquema epidérmico racial" (Fanon, 1967, p. 112), que estilhaça o *sujeito negro* em uma pessoa tripla. Não é um "esquema corporal". Trata-se, na verdade, de um "esquema racial" inscrito na pele e que nos guia através do espaço. Memórias, lendas, piadas, comentários, histórias, mitos, experiências, insultos, tudo isso inscrito simbolicamente na superfície das nossas peles,

nos dizendo onde sentar e onde não, aonde ir e aonde não, com quem falar e com quem não falar. Nos movemos no espaço, em alerta, através desse esquema epidérmico racial: "Eu estava cercada de pessoas *brancas*", diz Kathleen. "E era bastante evidente o que [meu pai] queria dizer com aquilo."
Essa é outra dimensão descrita por Kathleen. Ela não tem apenas a responsabilidade de representar a "raça" – uma "raça" encarnada por conotações negativas –, ela também tem de a defender. Devido ao fato de que o racismo é um regime discursivo e não biológico, tais equivalências – ausência de sabedoria, ausência de cultura, ausência de história, ausência de inteligência – tornam-se aceitáveis. Nesse sentido, Kathleen não é apenas uma aluna na sala de aula em uma escola; ela é uma aluna *negra* encarcerada em imagens racializadas, às quais ela tem de se opor todos os dias. Ela tem de se assegurar que pode provar que "nós somos tão inteligentes, se não até melhores, que as outras e outros (*brancas e brancos*)".

Eu me acostumei a estar sempre em destaque, me acostumei a ser a única pessoa *negra* em todas as minhas aulas. E, na maior parte do tempo, eu era. Eu estava em todas essas aulas de preparação acadêmica, eu frequentava cursos de colocação avançada,[44] e já recebia créditos da faculdade antes mesmo de me formar na minha escola. Eu também fazia parte da sociedade

---

44. N. da T. Advanced Placement (AP) é um programa que oferece disciplinas e exames de nível acadêmico para estudantes do ensino médio. Universidades estadunidenses, por exemplo, oferecem bolsas de estudos para estudantes que obtiverem notas altas nesses exames.

de honra, e estava em todos os tipos de organizações e em todo tipo de coisas que eu sabia que me levariam para a frente, em relação a minha educação (...) Eu me acostumei a ser a única pessoa (*negra*) nessas aulas... e as pessoas nessas aulas também se acostumaram comigo sendo a única pessoa *negra* ali, e isso era ok para elas. Eu não tinha consciência de que havia certas coisas que as pessoas costumavam me dizer, e eu nunca havia reconhecido como racismo. Ah!... coisas como... "Você é *negra*, mas (...)" E então você pode preencher o espaço vazio com o que você quiser... "Apesar de você ser *negra* (...)" Tudo era... Por alguma razão, eu não era como as outras crianças *negras*. Por alguma razão, eu era *negra*, mas ainda tolerável, eu ainda era ok. Eu era inteligente... mas... eu era especialmente inteligente (apesar de ser *negra*). Sempre foi uma questão... ser *negra* era algo sempre presente, que tinha de ser colocado em algum lugar, isso nunca foi realmente... Eu nunca senti isso... isso nunca foi integrado no que eu era. Acho que aquilo era o que as pessoas chamam de "racismo positivo", de algum modo, eu não sei... ou exotismo... mas eu realmente não chamaria assim porque ainda é... racismo.

Kathleen é definida como uma "raça" e, ao mesmo tempo, a "raça" é dissociada dela porque ela é inteligente. Ela é *negra*, *mas* inteligente. O "mas" é o elemento dissociativo. Ele desvincula a inteligência da *negritude*, tornando-as categorias que se contradizem. Para corrigir tal dissociação massiva, nós, geralmente, nos vemos forçadas/os a associar ambas as categorias à excelência, forçadas/os a prover uma performance excelente de nós mesmas/os, uma performance excelente da *negritude*.

Nos tornamos atrizes e atores excelentes de nossas competências: nada medíocre, nada ordinário, nada mediano, mas sim excelente. "Eu estava em todas essas aulas de preparação acadêmica, eu frequentava cursos de colocação avançada, e já recebia créditos da faculdade antes mesmo de me formar na minha escola." Kathleen explica, enfatizando sua *negritude* e sua inteligência como duas categorias associadas.

O mecanismo de defesa do ego chamado *dissociação* permite que dois ou mais processos mentais coexistam sem virem a ser conectados ou integrados, isto é, as partes diferentes de um *sujeito* não são combinadas em um todo. Inteligência e *negritude* coexistem como categorias separadas, como partes alienadas em Kathleen, mas não como partes integrantes dela. Nesse sentido, Kathleen é reconhecida como tão inteligente quanto pessoas *brancas*, mas *negra* como as outras e outros de fora. "Você é *negra*, mas..." explica ela. Ela é inteligente desde que seja comparada à branquitude. Consequentemente, a *negritude* é sempre "algo à parte". Sua pele é descrita simultaneamente como primária e acessória. Alguém é *negra/o*, "mas" não é. Uma pessoa é *negra* quando vem a ser a representação do que é corpóreo, mas não se é *negra/o* quando se trata do intelecto. Uma pessoa é *negra* quando se trata da incorporação da estupidez, mas não se é *negra/o* quando se trata da incorporação da sabedoria. Uma pessoa é *negra* quando se trata da incorporação do que é negativo, mas pode ser igualmente *branca* quando se trata da incorporação do que é positivo. Que ideias alucinantes habitam a cabeça do *sujeito branco* que acredita que não somos realmente *negros* e *negras* quando somos boas e bons, mas, de fato, *negras* e *negros* quando somos maus – que alucinação *branca*!

21. "Mas de onde vêm seus avós e seus bisavós?" – Vindo para a Alemanha

Eu vim para a Alemanha. Eu li livro *Farbe bekennen*,[45] eu estava lendo sobre alemãs/ães *negros* e *negras* e sentia uma certa afinidade com a ideia de crescer em uma comunidade *branca* e estar isolada. Foi um choque descobrir que, na verdade, minha experiência foi muito menos extrema do que a de muitas/os *negras* e *negros* neste país, que crescem sendo as únicas pessoas *negras* na família, quer dizer, isso é... Por deus! (...) e sempre lhe pedirem para explicar como é que se é alemã/o, apesar de se ser *negra/o*. Quer dizer, essa é uma experiência que eu passei muitas vezes... de ser questionada... mas, porque eu falo inglês, as pessoas me perguntam quando eu pretendo ir embora e elas tentam também rastrear minha ascendência até a África, sim... investigar meu passado.

Quando eu estava dando aulas de inglês, havia essa turma... bem, eu acho que elas não eram pessoas muito educadas, de qualquer forma... algumas mulheres queriam saber de onde eu vinha, e eu disse: "Eu sou dos Estados Unidos." E continuavam perguntando: "Sim, mas e seus pais? " E eu respondia: "Dos Estados Unidos!" E continuaram: "Sim, mas e seus avós, de onde são? E

---

45. O livro *Farbe bekennen* (Mostrando coragem), de 1986, como mencionado anteriormente, é uma antologia de narrativas escritas por mulheres afro-alemãs, que descrevem suas experiências como mulheres *negras* em uma sociedade dominada por pessoas *brancas*. O livro foi editado por Katharina Oguntoye, Dagmar Schultz e May Ayim. Esta última suicidou-se em 1996. Posteriormente, na entrevista, Kathleen expressa seu interesse pelo trabalho de May Ayim e em seu suicídio.

seus bisavós?" Eu dizia: " Dos Estados Unidos!" E aquilo nunca parava... (*risos*) Elas me perguntaram até que puderam rastrear minha ascendência até a África. "Ah! Você é da África!" "Não. Meus ancestrais são da África. Eu sou dos Estados Unidos." "Sim, da África! "(*risos*) A parte triste é que elas não levam em consideração a nossa história. Eu sei que meus antepassados são africanas/os, mas isso é tudo... o sistema da escravização não nos permitiu saber de onde nossas famílias vieram ou quem éramos: nós perdemos nossos nomes, nossas línguas... afinal, nós fomos vendidas/os por traficantes *brancos* para pessoas *brancas*... Então é, obviamente, muito ofensivo quando perguntam: "Mas de qual lugar na África?"

Há dois momentos importantes nesse episódio. O primeiro é o momento de ser colocada fora da nação *branca* ao ser questionada sobre quando pretende ir embora, porque sua "raça" não pertence ao "aqui". O segundo momento se associa à história da escravização – ser interrogada sobre de onde se vem, mesmo que nunca tenha havido permissão para o saber. Kathleen está sendo questionada por pessoas *brancas* sobre uma parte de sua história que foi banida exatamente por pessoas *brancas*. É esse segundo momento, um momento de duplo estranhamento, que eu gostaria de analisar aqui.

Nem as mulheres *brancas* nem Kathleen sabem de onde vieram as/os antepassadas/os de Kathleen. Contudo, não sabem por diferentes razões. Embora as mulheres *brancas* não saibam por que não precisam saber, Kathleen não sabe porque "não ter o direito de saber" era uma parte intrínseca às políticas da escravização. "Não saber" eliminaria a/o africana/o escravizada/o como *sujeito* da história. Em outras palavras, Kathleen não sabe, não porque ela não se importa, mas porque lhe foi negado o acesso à sua história. Houve uma fratura, uma ruptura, que deliberadamente a separou de partes de sua história: De onde fomos trazidas/os? Quem somos nós? Quais nomes? Quais idiomas? Devido ao fato de essas informações terem sido apagadas, essas são perguntas que permanecerão sem respostas. "E essa é a parte triste", argumenta Kathleen. "A parte triste é que elas não levam em consideração a nossa história." Kathleen fica perturbada com a ideia de que aquelas que perguntam não estão cientes do conteúdo de suas perguntas. Elas estão pedindo o que elas escamotearam simbolicamente – a história de Kathleen. As perguntas incorporam a fantasia de que todas/os nós temos acesso à nossa biografia histórica coletiva, seja colonizadora/colonizador ou colonizada/o, sinhá/senhor ou escravizada/o. Tal fantasia só é possível se a história tiver sido esquecida, isto é, se elas e eles estiverem sofrendo de amnésia histórica. Mas como quatrocentos anos muito recentes da história podem ser esquecidos? Como alguém pode não se lembrar? Essa parece ser a preocupação de Kathleen: "Afinal, fomos vendidas/os por traficantes *brancos* a pessoas *brancas*." Como elas poderiam ter esquecido? E como ousam perguntar, para serem lembradas? "É, obviamente, muito ofensivo quando perguntam."

    O passado retorna na forma de perguntas invasivas: "Mas e seus avós, de onde são? E seus bisavós?" O atrevimento dessas perguntas reside no fato de que elas invocam um passado traumático de ruptura e perda, um passado que ainda define aquelas e aqueles da Diáspora Africana como identidades fraturadas. Isso revela como o passado está intimamente ligado ao presente. A escravização e seu legado estão presentes na atual biografia de Kathleen. Como ela mesma diz: "Eu sei que meus ancestrais são africanas/os, mas isso é tudo." O passado, portanto, coexiste com o presente, e a memória da escravização é parte do presente. Essa sensação de atemporalidade é uma característica do trauma clássico.

22. "Estrangeiras/os aqui têm a vida mais fácil do que presidiárias/os" – Confissões racistas e agressão

> Eu dava aulas, todas as segundas-feiras eu ministrava uma aula para uma empresa chamada AMP em Berlim. E era uma turma de quatro mulheres, quatro secretárias, todas *brancas*. Acho que uma era do Oeste e três do Leste – o que na verdade não importa para o que vou contar. Um dia, eu não me lembro como entramos no assunto, mas eu estava perguntando sobre... Ah! Sobre estrangeiras/os vindo para a Alemanha (...) Elas, então, começaram a dizer coisas que eram inacreditáveis, eu não podia acreditar... Eu estava na frente delas, obviamente estrangeira, e elas ainda se sentiram suficientemente confortáveis para dizer essas coisas. Isso tinha a ver com algo que se passava na minha cidade, onde as pessoas sempre se sentiam confortáveis o suficiente para expor seu racismo porque elas não... elas achavam que estavam seguras comigo. E as mulheres *brancas* alemãs começaram a me contar como há muitas/os estrangeiras/os aqui, que as leis são muito brandas, e as/os estrangeiras/os aqui têm a vida mais fácil do que as/os presidiárias/os e... dizendo

todo tipo de coisas. E uma mulher no final me disse: "Bem, espero que essas coisas não te surpreendam, a maioria das pessoas pensa assim! A maioria das pessoas se sente como nós..." E no final da aula eu senti... Eu me senti como um cachorro, eu simplesmente não conseguia pensar... Quer dizer, foi horrível, você pode imaginar...

Essa situação de ofensa racista indireta é violenta porque expõe o ódio contra pessoas *negras* como se a interlocutora não fosse *negra* – como se ela não pertencesse ao grupo que está sendo atacado. Paul Mecheril (1998) descreve esse processo de usar um terceiro grupo para expressar o racismo como uma *experiência categórica de racismo*: categórica, na medida em que Kathleen está sendo colocada na categoria de estrangeira. Kathleen é uma "estrangeira", portanto, ela sempre será insultada toda vez que o grupo "estrangeiro" for insultado. Em outras palavras, quando discursos degradantes sobre "estrangeiros" são proferidos, Kathleen está sendo inferida sem ser referida pessoalmente. Essa forma de expressar o racismo em relação a pessoas *negras* é alienante porque a pessoa está sendo insultada sem ser *objeto* direto do insulto. Não é a segunda, mas a terceira pessoa que está sendo usada; não é "você", mas "eles", mesmo que ambos coincidam e se tornem um.

Essa dinâmica define uma dimensão do racismo cotidiano. Porque estamos presentes e somos *negras/os*, o racismo é encenado usando pessoas que não estão presentes e também são *negras/os, como personagens diretas*. É precisamente por causa da presença desse alguém que o público *branco* performa o racismo em relação àqueles e àquelas que não estão ali, para nos avisar de como elas nos percebem. Isso dificulta a identificação do racismo porque esse alguém está sendo incluído e excluído simultaneamente: "As pessoas sempre se sentiam confortáveis o suficiente para expor seu racismo porque elas não... elas achavam que estavam seguras comigo", diz Kathleen. O conforto, no entanto, não é porque Kathleen, pessoalmente, lhes oferece algum alívio; é mais por conta da inclusão e exclusão simultâneas que torna o público *branco* confortável o suficiente para performar o racismo.

Assim, ao *sujeito negro* é dito que ela/ele é, simultaneamente, igual e diferente – igual no sentido em que Kathleen é uma confidente para as mulheres *brancas*, e diferente porque ela é o *objeto* do ódio de suas confissões. Uma situação alienante para a mulher negra, que é sincronicamente colocada como o eu e como "*Outra/o*". A pressuposição em tais situações é que a mulher *negra* deve considerar um elogio que o grupo *branco* não a rejeita, mas rejeita, de fato, as/os "*Outras/os*". Assim, a pessoa *negra* é incluída, enquanto seu próprio grupo racial é excluído. É essa inclusão individual em uma exclusão coletiva que esperam que vejamos como lisonjeadora. Kathleen, no entanto, são se sente lisonjeada de forma alguma, mas sim chocada: "Eu me senti como um cachorro, eu simplesmente não conseguia pensar..." Ela começa por descrever a ideia de um choque inesperado – "Elas, (...) começaram a dizer coisas que eram inacreditáveis" – e muda depois para a ideia de isolamento e separação, decorrentes desse choque traumático. A metáfora "como um cachorro" expressa esse sentido de separação, já que cachorros não são humanos.

Cachorros não são humanos e presidiárias/os são humanas/os que cometeram algum crime contra a humanidade.

O comentário "estrangeiras/os aqui têm a vida mais fácil do que a das/os presidiárias/os" comunica fantasias ultrajantes. Devido ao fato de aquelas/es que cometeram algum crime não serem consideradas/os dignas/os de integrar a sociedade, a associação entre "estrangeiras/os" e "criminosas/os" revela a construção entre "traços estrangeiros" (*foreignness*) como ameaçadores e indignos. A associação, portanto, indica o lugar onde essas mulheres fantasiam manter "estrangeiras/os" – na prisão, longe da sociedade *branca*. Em tais fantasias, estrangeiras/os passam a ocupar uma posição mais desonrosa do que a de criminosas/os. A mulher *branca* expressa sua crença de que o primeiro grupo não merece viver tão bem quanto o segundo. Para seu incômodo, "estrangeiras/os" estão, de fato, em melhores condições do que "criminosas/os". Presidiárias/os e criminosas/os são fantasiadas/os aqui supostamente tanto como *brancas/os* quanto como compatriotas, em oposição a "estrangeiras/os". E, nesse sentido, o incômodo da mulher consiste no fato de muitas/os estrangeiras/os estarem em melhores condições do que um/a criminosa/o *branca/o*.

Nessa constelação, tanto as agressoras como o alvo das agressões são mulheres. As mulheres *brancas*, no entanto, estão em solidariedade não com a mulher *negra*, mas com presidiárias/os *brancas/os*. A "raça" parece ser mais importante do que o gênero, já que nessa constelação mulheres brancas expressam sua empatia com o Nós, isto é, com alemãs/ães *brancas* e *brancos* e não com o Nós mulheres, em geral. É a categoria "estrangeiros", mulheres e homens a que se referem com antipatia, uma categoria da qual Kathleen faz parte.

Kathleen é vista como "estrangeira", não como uma mulher. Tais experiências explicam por que mulheres *negras* descrevem a opressão que experienciam primeiro em relação à "raça" em vez de em relação ao gênero. Nossa exploração é baseada primariamente nos aspectos raciais e pode ser personificada por mulheres *brancas*.

12. SUICÍDIO

23. "Minha mãe cometeu suicídio (...) Eu acho que ela estava muito solitária em nossa cidade" – Racismo, isolamento e suicídio

Em 1992, minha mãe cometeu suicídio, pouco antes do meu último ano do ensino médio. Ela estava com 40 e poucos anos quando isso aconteceu, e eu acho que ela também estava... Eu acho que ela estava muito solitária em nossa cidade. Ela não tinha praticamente nenhuma/nenhum amiga/o. Eu lembro de momentos em que ela me disse que eu era a única amiga que ela tinha. Eu não acreditava nisso porque eu era apenas... eu era sua filha. Mas ela não tinha um círculo social. Eu acho que minha mãe estava muito isolada e acho que ela tinha consciência do porquê (...) Eu acho que ela não podia... ela estava em um ambiente *branco*, e ela não gostava nada disso. Ela odiava se misturar e fingir... ela não era uma integracionista, vamos colocar dessa forma... (*risos*). Bem, ela não teve nenhum problema em ter amigas/os *brancas/os* ou algo assim, ela não estava separada, mas ela precisava se ver refletida na sociedade onde estava, e ali ela simplesmente não estava. Não onde ela trabalhava, ela trabalhava na universidade, onde a maioria das pessoas era *branca*. O círculo social do meu pai era sempre *branco*, suas/seus colegas, as/os professoras/es da universidade também... e aquilo era difícil para minha mãe. Ela sempre sentia que tinha de fingir quando frequentava os círculos sociais do meu pai.

Kathleen relaciona o suicídio de sua mãe ao racismo e ao isolamento. Essa é uma associação poderosa, isto é, a conexão entre o racismo e a morte, já que o racismo pode efetivamente ser retratado como o assassinato racista do eu. Dentro do racismo, o suicídio é quase a visualização, a performance da condição do *sujeito negro* em uma sociedade *branca*: na qual o *sujeito negro* é invisível. Essa invisibilidade é performada através da realização do suicídio. Uma sequência dolorosa, mas muito realista: "(Ela) precisava se ver refletida na sociedade", diz Kathleen, "e ali ela simplesmente não estava." O racismo força o *sujeito negro* a existir como "*Outra/o*", privando-o de um eu próprio. O suicídio pode assim, de fato, ser visto como um ato performático da própria existência imperceptível. Em outras palavras, o *sujeito negro* representa a perda de si mesmo, matando o lugar da Outridade.

Kathleen não foi a única entrevistada a revelar uma história de suicídio na família. Duas outras mulheres *negras* também relataram casos de suicídio: uma perdeu a mãe e a outra perdera uma amiga próxima. Em um processo de livre associação, ambas fizeram uma forte associação entre racismo, isolamento e suicídio, assim como Kathleen. Nas narrativas escravistas e coloniais, há um grande número de relatos que ligam o suicídio ao impacto do racismo e do isolamento. Toni Morrison, por exemplo, baseou seu romance *Amada* na história verdadeira de Margaret Garner, uma mulher escravizada nos Estados Unidos que, depois de escapar da *plantação* e ser encontrada por seu proprietário *branco*, tentou matar suas quatro crianças e a ela mesma. A ideia de retornar à *plantação* como escravizada – como a/o "*Outra/o*" da branquitude – era tão horrível que ela tentou matar suas crianças e a si mesma na frente do senhor *branco*. Antes de ser presa, ela conseguiu matar uma criança que, na verdade, se torna a personagem principal do romance de Morrison, a filha chamada Amada. Era, no entanto, a condição chocante de existir como a/o *"Outra/o"* do *sujeito branco* o que levou Garner a tentar matar a si mesma e a suas próprias crianças. "Eu sou um ser humano. Estas são minhas crianças", declarou Garner em uma entrevista para um jornal local. Seu planejado suicídio e infanticídio era uma forma de proteger a si mesma e a suas crianças de um sistema de escravização que as desumanizava e as removia do reino da identidade individual.

Nesse sentido, o suicídio pode também emergir como um ato de tornar-se *sujeito*. Decidir não mais viver sob as condições do senhor *branco* é uma performance final, na qual o *sujeito negro* reivindica sua subjetividade. No contexto da escravização, comunidades *negras* eram punidas coletivamente toda vez que uma/um de suas ou seus integrantes tentava ou cometia suicídio. Essa realidade brutal enfatiza a função subversiva do suicídio dentro das dinâmicas da opressão racial. A punição à comunidade escravizada revela, certamente, o interesse dos senhores *brancos* em não perder "propriedades", mas, acima de tudo, revela um interesse em impedir que as/os escravizadas/os africanas/os se tornem *sujeitos*. O suicídio é, em última instância, uma performance da autonomia, pois somente um *sujeito* pode decidir sobre sua própria vida ou determinar sua existência.

> E eu acho que tudo isso teve um papel em sua escolha de acabar com a própria vida... Depois que eu deixei minha cidade, um ano depois... eu fui para a faculdade, e essa foi realmente a primeira vez que eu me vi em uma comunidade, com estudantes

negras e *negros*, bem como com outras pessoas que são racializadas. Essa foi a primeira vez em que eu pude dizer: "Eu posso nomear o racismo! Eu posso nomear o racismo internalizado! O racismo institucional!" De repente, descobri que todas essas coisas tinham um nome e reconheci padrões. Eu pude dizer: "Sim, é isso que está acontecendo comigo também!" Eu pude nomear tudo, de repente... e também pude aplicar uma espécie de lógica ao porquê da morte da minha mãe, algo que antes eu não havia sido capaz (...) De certa forma, não havia espaço para ela lá como mulher *negra*, ela não podia se encontrar refletida lá... e havia tantas barreiras invisíveis que ela não pôde atravessar, quer dizer, ela não conseguiu...

Em um esquema gênero-"raça", no entanto, esse estado de Outridade é mais complexo, como as próprias palavras de Kathleen explicam. Mulheres *negras*, por não serem nem *brancas* nem homens, passam a ocupar uma posição muito difícil dentro de uma sociedade patriarcal de supremacia *branca*. Nós representamos um tipo de ausência dupla, uma Outridade dupla, pois somos a antítese tanto da branquitude quanto da masculinidade.

Nesse esquema, a mulher *negra* só pode ser a/o "Outra/o" e nunca o eu. "O círculo social do meu pai era sempre *branco*, suas/seus colegas, as/os professoras/es da universidade também... e aquilo era difícil para minha mãe", explica Kathleen. Seu pai, como homem *negro*, podia operar tanto em círculos femininos *brancos* quanto masculinos *brancos*, mas sua mãe não, por ser uma mulher *negra*. Ela só poderia ser a/o "Outra/o" da Outridade. Como Lola Young escreve, uma mulher *negra* inevitavelmente "serve como a outra de "*outras/os*" sem status suficiente para ter um outro de si mesma" (1996, p. 100). As mulheres *brancas* têm um status oscilante, como o eu e como a "*Outra*" dos homens *brancos* porque elas são *brancas*, mas não homens. Os homens *negros* servem como oponentes para os homens *brancos*, bem como competidores em potencial por mulheres *brancas*, porque são homens, mas não são *brancos*. As mulheres *negras*, no entanto, não são *brancas* nem homens e servem, assim, como a "*Outra*" da alteridade.

Nesse contexto de isolamento absoluto, o suicídio entre mulheres *negras* pode ser visto como a perfeição de sua existência como a "*Outra*" dos outros: perfeccionismo no sentido de que o suicídio é o retrato "perfeito" de um eu desqualificado, um eu que não tem um "*Outro*" próprio – um ato impecável de não existência.

24. "As grandes mães da 'raça' *negra*" – A "mulher *negra* superforte" e o sofrimento silencioso

> Eu sempre fico com muita raiva quando as pessoas, especialmente mulheres *negras*, celebram a força da mulher *negra* e a imagem lendária da supermulher de pele escura. Eu ouço, constantemente, como as mulheres *negras* não cometem suicídio porque estão muito ocupadas sendo as Grandes Mães da Raça Negra. Suicídio e terapia são apenas para mulheres *brancas* preguiçosas e autocomiseradas, que não têm nada melhor para fazer com seu tempo e dinheiro. Lembro-me de ter ouvido uma mulher *negra* me dizer, sem rodeios, que as mulheres *negras* não

cometem suicídio porque simplesmente não têm tempo: pois elas têm crianças, empregos e tantas outras coisas para cuidar que acabam sem tempo para considerar matar a si mesmas. Eu queria muito dizer a ela que a minha experiência me ensinou o contrário, mas o estereótipo da mulher *negra* superforte está presente de uma forma irrefutável.

A ideia da "supermulher de pele escura", para usar o termo de Kathleen, pode, por um lado, ser vista como uma estratégia política para superar as representações negativas das mulheres *negras* no mundo *branco*. Mas, por outro lado, aprisiona as mulheres *negras* numa imagem idealizada que não nos permite manifestar as profundas feridas do racismo. Kathleen fala dessa ambivalência, de ter de preencher imagens empoderadoras – imagens que podem, na verdade, ser experienciadas como desempoderadoras, na medida em que silenciam os danos psicológicos do racismo cotidiano.

Na década de 1960, o movimento feminista *negro* investiu em imagens da "mulher *negra* poderosa" e da "matriarca *negra* superforte". Essas imagens surgiram em resposta às representações racistas da mulher *negra* como preguiçosa, submissa e negligente em relação a suas crianças (Collins, 2000; hooks, 1992; Reynolds, 1997). Forte e trabalhadora, em vez de preguiçosa, assertiva e independente, em vez de submissa, dedicada em vez de negligente. Tais imagens políticas foram uma forma de reivindicar uma nova identidade. Isso é particularmente visível na literatura e nas filosofias *negras*, argumenta Patricia Hill Collins (2000), campos nos quais a mulher *negra* e a imagem da matriarca *negra* têm sido glorificadas, de forma tendenciosa, especialmente por homens *negros* – em homenagem a suas mães, mas, infelizmente, não a suas esposas. As imagens são investidas intensamente da ideia de força, autossacrifício, dedicação e amor incondicional – atributos já associados ao arquétipo da maternidade, mas que desavisadamente negam o reconhecimento de verdadeiras experiências femininas *negras*.

É a capacidade de sobreviver sob as condições adversas do racismo genderizado que está sendo elogiada nessas imagens. No entanto, o retrato da mulher *negra* forte tem sido usado pelo público *branco* para reafirmar velhos estereótipos racistas. Em seu ensaio sobre a *(má) representação da (super) mulher negra*, Tracey Reynolds (1997) reflete sobre como a imagem da mulher *negra* forte, solteira e independente foi adotada, de forma efetiva, pela mídia para construir uma imagem do homem *negro* como patologicamente ausente, pouco confiável e sexualmente irresponsável. Além da imagem da família *negra* como uma "instituição" danificada. Essa forma de atenção midiática, Tracey argumenta, é divisora e controversa, criando hostilidades entre mulheres *negras* e homens *negros*, e impedindo efetivamente um fórum para debater o impacto do racismo sobre as construções de gênero.

> Me lembro de outra mulher (...) que uma vez usou o exemplo de uma mulher em Moçambique que conseguiu dar à luz um bebê debaixo de uma árvore durante uma inundação ano passado, como prova de quão fortes nós somos: "Nenhuma mulher *branca* poderia ter feito aquilo... Mulheres *brancas* correm para terapeutas e psicólogas/os quando têm problemas. Nós, não.

Nós não precisamos de tudo isso." Dói ouvir essas coisas, especialmente vindo de outras mulheres *negras*, mas, ao mesmo tempo, sinto que não há nada que eu possa dizer para contestar isso. Talvez minha mãe tivesse se beneficiado de algum tipo de orientação, se houvesse recursos apropriados disponíveis para ela. Eu não acho que somos ensinadas a reconhecer quando precisamos de ajuda, eu sei de tantas mulheres [*negras*] que foram vencidas pela depressão em algum ponto de suas vidas (...).

Eu estava conversando com essa mulher ontem. Nós estávamos falando sobre essa força e essa imagem de poder... e ela estava me dizendo como ela sentia que a coisa que as pessoas *brancas* na Alemanha odeiam nas mulheres *negras* é essa força. Elas temem nossa força e temem nosso poder, e temem a força que não podem controlar. Por um lado, acho que entendi o que ela estava dizendo, mas, por outro lado, pensei: "Eu não sou mais forte do que qualquer outra mulher *branca* lá fora que é pelo menos do meu tamanho!" Mas eu gostaria de ser vista... não há nada gratificante em ser mais um estereótipo. Sobre ser vista como essa mulher de aço, quem tem essa força... essa força nem sempre está lá, há momentos em que me sinto tão fraca. (...) Quando estou com raiva, quero ter a liberdade de ficar com raiva, e quando estou fraca, gostaria de ter a liberdade de ser fraca, sem que se aproveitem de mim. Não desejo ser super-humana mais do que desejo não ser subumana.

Depois que se é desidealizada/o, torna-se idealizada/o, e por trás dessa idealização está o perigo de uma segunda alienação. Em ambos os processos, a pessoa permanece como uma reação a uma ordem colonial. As imagens idealizadas emergem como uma inversão das imagens racistas primárias: "Não há nada gratificante em ser mais um estereótipo", declara Kathleen, descrevendo esse processo como duplamente alienante. "Não desejo ser super-humana mais do que desejo não ser subumana." Kathleen quer se ver refletida em sua complexidade como boa e má, forte e fraca, amarga e doce – isto é, como um *sujeito*.

No subtexto dessas imagens controladoras, as mulheres *negras* só se encontram na terceira pessoa, quando falam de si mesmas através de descrições de mulheres *brancas*. "Mulheres *brancas* correm para terapeutas e psicólogas/os quando têm problemas. Nós, não", diz a mulher a Kathleen. A mulher fala de uma terceira pessoa – uma mulher *branca* – no intuito de descrever a si mesma, a primeira pessoa. Essa terceira pessoa é a norma, e a mulher está se referindo a si mesma novamente através da norma *branca*, descrevendo a norma para expor a sua própria posição periférica. "Mulheres *brancas* autocomiseradas, que não têm nada melhor para fazer com seu tempo e dinheiro", descreve a condição social oposta da mulheridade *negra*: trabalhar duro, cuidar e nutrir famílias *brancas*, não tendo vida própria e existindo na pobreza. Assim, a narração do racismo ocorre através de descrições do outro *branco* em oposições binárias: *branca/negra*, preguiçosa/trabalhadora, privilegiada/não privilegiada, rica/pobre. Um termo só ganha significado em relação à sua contraparte.

13. CURA E TRANSFORMAÇÃO

25. "Aquelas bonecas, você as vê se você for a casas grandes no Sul" – Objetos colonias e a transformação dos espaços

Havia essa figura *negra*, um boneco *negro* que minha vizinha tinha em sua varanda... Eu e minha colega de quarto estávamos tentando decidir o que deveríamos fazer sobre isso, se devíamos jogar coisas no boneco ou escrever cartas anônimas e colocá-las em sua caixa de correio... e um dia eu cheguei em casa, estava muito furiosa, e essa mulher estava na varanda. Eu pensei: "É hoje!" Expliquei a ela o que aquele boneco representava para mim. Eu expliquei a ela que muitas dessas bonecas, você as vê se você for a casas grandes no Sul (dos Estados Unidos). As pessoas *brancas* colocam esses pequenos bonecos *negros*, essas pequenas figuras, na frente das casas para saudar as pessoas quando elas entram. Ela me disse que achava fofo...

Todos os dias, quando Kathleen sai ou entra em sua casa, ela é forçada a ver uma figura *negra* que decora, sem qualquer problema, a varanda de sua vizinha. Isso demonstra como representações racistas ocupam "naturalmente" os espaços públicos e penetram nas esferas privadas de pessoas *negras*, já que Kathleen é forçada a ver essa boneca todos os dias.

Essas bonecas *negras* apareceram nos Estados Unidos no período pós-escravização como objetos decorativos para as famílias *brancas*. Seu surgimento, portanto, coincide com a abolição da escravização[46] e com a ausência física de escravizadas/os nas *plantações*. Nesse contexto de mudança política,

---

46. Nos Estados Unidos, a escravização foi abolida oficialmente em 1865.

tais figuras *negras* surgiram como personificações das/os próprias/os escravizadas/os, que não mais existiam. Como bonecos decorativos, eles ocuparam o "lugar exato" que as/os africanas/os escravizadas/os uma vez ocuparam. Como Kathleen explica para a mulher *branca*: "As pessoas *brancas* colocam esses pequenos bonecos *negros*, (...) na frente das casas para saudar as pessoas quando elas entram", fazendo com que o passado se torne um presente ilusório. Os bonecos personificam, assim, um período do passado em que pessoas *negras* eram consideradas subhumanas e tratadas de forma desumana. Com isso em mente, é inevitável perguntar por que as pessoas *brancas* estão tão interessadas em decorar suas casas com bonecos, lâmpadas e tantos outros objetos coloniais que representam o corpo *negro* escravizado. Por que esses objetos criam tanta satisfação estética? E por que é tão importante que o *sujeito branco* esteja cercado de imagens de escravizadas/os?

Parece que, através de tais objetos, o *sujeito branco* recupera uma *perda* recente. A perda de um bom *objeto* externo, a/o escravizada/o, é assim reparada pelos bonecos *negros*, que vêm substituir as/os anteriores. Trata-se da recriação do cenário da escravização, que o *sujeito branco* insiste em ter. De repente, é como se *negras* e *negros* ainda estivessem lá, "no lugar delas/es", como bonecos do lado de fora da entrada, recebendo as/os convidadas/os que acabaram de chegar à casa *branca*. Ou como lâmpadas, portando luz, enquanto o senhor *branco* lê um livro. Ou como cinzeiros, para guardar as cinzas dos cigarros do senhor *branco*. Ou como engraxates, para limpar o lixo do senhor *branco*. Essas figuras personificam tanto "o lugar" que *negras* e *negros* têm no imaginário *branco* quanto o desejo secreto *branco* de possuir uma/um escravizada/o. Por qual outro motivo a mulher *branca* decoraria sua varanda com um boneco *negro*? Não é esse um desejo de recuperar o que foi perdido? Ao ver o boneco *negro*, Kathleen é lembrada do "lugar" em que a mulher *branca* gostaria de tê-la. Representações racistas têm a dupla função de manter a fantasia do *sujeito branco* de que a/o "*Outra/o*" ainda está "em seu lugar" e, ao mesmo tempo, anuncia publicamente ao *sujeito negro* qual é o "seu lugar" na sociedade. Ou seja, eles falam "sobre" e "para" o *sujeito negro*. A figura decorativa não fala apenas *sobre* Kathleen, mas também para ela, penetrando em seu espaço com uma imagem pejorativa da *negritude*. Perturbada pelo boneco representando um escravizado, que fala sobre, Kathleen é capturada por seus pensamentos sobre como abordar a mulher que o exibe: "Eu e minha colega de quarto estávamos tentando decidir o que deveríamos fazer sobre isso." Não importa se quer ou não, Kathleen tem de, ao mesmo tempo, enfrentar e se opor ao racismo.

> Depois que eu expliquei a ela o que o boneco representa, ela disse que ele era fofo. E então ela me disse que um amigo cubano também achava fofo. Mas eu não me importo com o que seu amigo cubano acha. E eu expliquei a ela que há três mulheres *negras* morando na casa ao lado, e nós achávamos aquilo uma grande merda; e todas/os as/os nossas/os amigas/os (*negras/os*) que vêm nos visitar têm de olhar para aquilo também; e que é ofensivo para nós; e que estava invadindo nosso espaço; e que ela estava brincando com algo muito sério. E, por fim, se ela

quiser mantê-lo na sua varanda, ela também precisa ter certeza de que ela sabe o que é aquilo. Duas semanas depois ela colocou uma pequena capa de plástico em volta do boneco, não sei se foi por causa da nossa conversa ou não...

"O boneco é fofo" a vizinha diz para Kathleen. Esse processo de infantilizar o que o *sujeito negro* diz protege o *sujeito branco* de reconhecer a realidade de grupos oprimidos e, portanto, impede-o de olhar para si mesmo como opressor. "E então ela me disse que um amigo cubano também achava fofo." Tal banalização é resultado de um distanciamento cognitivo. Philomena Essed (1991, p. 272) argumenta que "membros do grupo dominante não entendem, tampouco estão interessados em entender, a crítica da mulher *negra*. Esse fracasso em entender e em sentir-se responsável pelo racismo é legitimado através do questionamento das perspectivas e personalidades de oponentes do racismo". E é exatamente isso o que a vizinha faz ao questionar a perspectiva de Kathleen e dizer que ela até pode achar o boneco negro problemático, mas seu amigo cubano não acha. Ele acha o boneco fofo, assim como ela também acha.

Interessante, no entanto, é a triangulação construída pela mulher *branca* no intuito de validar sua própria opinião, um triângulo que novamente coloca Kathleen em destaque e a mulher *branca* em coletivo, protegida por uma terceira pessoa. O outro *branco* não pode encarar o *sujeito negro* em duo, mas sim em trio. A necessidade de trazer uma terceira pessoa e construir um triângulo ao falar "com" o *sujeito negro* revela a ameaça que representamos no imaginário *branco*. Contudo, essa não é uma triangulação comum, na qual o terceiro elemento equivale ao consenso *branco*. Dessa vez, o terceiro elemento é, aparentemente, um homem *negro* ou um homem que é racializado. O uso de outra pessoa negra para invalidar o conhecimento de Kathleen acerca de "questões *negras*" é bastante delicado, já que a mulher *branca* está usando um homem *negro* para competir com uma mulher *negra*. Essa estratégia nos faz lembrar de um processo de apropriação colonial. A mulher *branca* ratifica seu poder através da assimilação de outras pessoas *negras*, apresentando uma dependência colonial: *meu amigo cubano também compartilha a minha opinião e ele também não tem problemas com o boneco* negro.

Mais interessante é como, nesse episódio, há três figuras *negras*. Elas poderiam realmente representar os estágios de desenvolvimento da história racial: as/os escravizadas/os, representadas/os pelo boneco, a figura de um menino *negro*; a/o assimilada/o, representada/o pelo amigo cubano; e a mulher *negra* racialmente consciente, representada por Kathleen. A partir de uma perspectiva de gênero, essa é uma constelação na qual a mulher *branca* possui o "menino *negro*", bem como o "homem *negro*", que fica ao lado da mulher *branca*. Nesse episódio, a mulher *branca* só consegue lidar com um *sujeito negro* infantilizado, objetivado e/ou assimilado – assimilado no sentido de ser o mais semelhante possível à branquitude. Kathleen, no entanto, não é nem uma nem outro. "(Eu disse a ela) que ela estava brincando com algo muito sério. (...) e se ela quiser mantê-lo na sua varanda, ela também precisa ter certeza de que sabe o que é aquilo." Ela é o *sujeito* falante, transformando o espaço, já que duas semanas mais tarde, o boneco é coberto com um plástico.

26. "Eu tive de ler muito, aprender, estudar (...) Encontrar outras pessoas *negras*" – Descolonizando o eu e o processo de desalienação

> Eu também sabia que todos esses nomes estavam errados... mas eu não conseguia explicar o porquê. E, claro, as pessoas dirão que não há nada de errado com eles: "Eles não querem dizer o que você está pensando! São nomes neutros... científicos." Eu tive de ler muito, aprender, estudar... Eu li muitos livros... conheci outras pessoas *negras* e compreendi que elas tinham passado pelo mesmo. Então aí eu fui capaz de me definir como *negra* e parei de me chamar de todos aqueles nomes horríveis. Sim...!

Alicia descreve aqui como, quando criança, ela sabia que a terminologia colonial era "errada", mas não conseguia explicar o porquê. Ela costumava ouvir que tais termos não significavam o que ela pensava: "Eles são neutros... científicos." Alicia teve de aprender a se definir politicamente *negra*. Ela muda da palavra *N*. para "mulata" (mula), para "de jeito nunhum *negra*", para "mestiça" (cachorro vira-lata) ou para "quase *branca*", de acordo com os interesses e medos do ambiente *branco* em que ela está.

Os termos *Schwarze/r* (*negra/o*), *Afro-Deutsche* (*afro-alemã/o*) e *Schwarze Deutsche* (*negras/os* alemãs/ães) surgiram como autodefinições políticas coletivas de africanas/os e pessoas da Diáspora Africana na Alemanha (*Initiative Schwarze Menschen in Deutschland*).[47] Esses termos mantêm a termi-

---

47. *Initiative Schwarze Menschen in Deutschland* (Iniciativa de Pessoas Negras na Alemanha) é uma organização fundada na década de 1980 por afro-alemães e pessoas *negras* na Alemanha. A organização criou um

nologia colonial discriminatória a distância, enfatizando o fato de que aquelas pessoas construídas como *M., N., M.* ou *M.* se veem como um grupo e que este grupo ainda hoje ocupa uma posição na sociedade que, devido ao racismo, é diferente da dos *brancos* (Ayim, 1997; Hügel-Marshall, 2001; Oguntoye, Opitz e Schultz, 1997).

Em 1996 ou 1997, eu tentei conversar com minha mãe adotiva sobre como o racismo afeta minha vida. Eu dei a ela presentes como o livro *Farbe bekennen*, você conhece esse livro? [*Sim!*] Ou os livros de ensaio e poesia de May Ayim.[48] E o irmão de minha mãe, que é casado com uma mulher indiana e tem dois filhos com ela, disse: "Acho que a Alicia pensa demais sobre racismo, ela está muito ocupada com o racismo..." (*falando com uma voz intimidadora e agressiva*). Era assim minha vida em uma família *branca*... não se tinha permissão para mencionar o racismo. E, quando eu tinha 21 anos, eu disse aos meus pais para não usarem a palavra *Neger*, até aquele momento eu nunca havia sido capaz de falar sobre isso... e eles responderam: "Ah, essa não é uma palavra ruim! Não significa nada de mau!" A reação típica... eles simplesmente disseram que aquela não era uma palavra ruim. Ela é neutra, e eu muito sensível...

---

fórum político e educacional para o diálogo, identificação positiva e consciência *negra*.

48. May Ayim (1960-1996) foi uma jovem poeta lírica afro-alemã que, em seus ensaios, escreveu sobre ser *negra* na Alemanha e sobre sua experiência de isolamento em uma sociedade racista. Ayim cometeu suicídio em 1996.

Já adulta, Alicia oferece à sua mãe adotiva livros que narram a realidade do racismo na Alemanha. Ela oferece as palavras impressas de outras mulheres *negras*, a fim de sensibilizar sua família adotiva sobre como o racismo afeta sua própria vida. A escolha dos livros parece protegê-la de eventuais negações e trivialidades porque, ao contrário de suas próprias palavras faladas, as palavras impressas não podem ser apagadas nem silenciadas.

Quando informado de que Alicia lê esses livros, no entanto, seu tio a adverte sobre estar "muito ocupada" com o racismo. Essa declaração do tio pode ser vista como uma estratégia que a família branca tem de proteger suas crianças *negras* de se envolverem com a dor do racismo, subestimando a cor como uma questão e encorajando suas crianças *negras* a não olharem para o racismo, como argumentam Tizard e Phoenix (1993). Mas, para Alicia, essa é uma declaração que a impede de falar sobre suas experiências perturbadoras com o mundo *branco*. As palavras de seu tio aconselham Alicia a não falar. Sua afirmação a avisa que seu engajamento em refletir sobre o racismo é exagerado, transmitindo, assim, a ideia de que é ela quem tem um problema pessoal com o racismo. O racismo não é um problema pessoal, mas um problema *branco* estrutural e institucional que pessoas *negras* experienciam. Esse é um acontecimento comum para *negras* e *negros* quando abordamos a questão do racismo: intimidação por um lado, patologização individual por outro. Ambas controlam mecanismos que impedem que o *sujeito branco* ouça verdades desconfortáveis, que, se levadas a sério, arruinariam seu poder.

Por fim, o fato de que seu tio é casado com uma mulher indiana e ele próprio tem crianças racializadas desencoraja Alicia e introduz outra questão: Que função as crianças *negras* têm para seus pais *brancos* (adotivos)? A essa questão, no entanto, o material da entrevista não pode responder.[49]

27. "Pessoas *negras* me cumprimentavam na rua..." – Reunindo os fragmentos do colonialismo

> Eu acho que... desde criança, todas as vezes que via uma pessoa *negra* na rua... elas sempre me cumprimentavam. Elas olham, sorriem ou dizem oi, sempre... e continuam andando. Quando eu era pequena, isso costumava me perturbar muito, as pessoas sempre olhavam e eu não queria olhar de volta. Mas eu nunca vi duas pessoas *negras* se cruzarem e não se cumprimentarem, ou pelo menos olhar uma para a outra e sorrir, sabe... Nós sempre nos saudamos... Eu acho isso incrível. Eu não sei se outras pessoas fazem isso, mas eu acho que não. Muitas vezes, eu olho para pessoas asiáticas, observo-as na rua para ver se elas se cumprimentam, mas nunca vi isso acontecer. A menos que elas se conheçam, caso contrário, se ignoram. Ou árabes, por exemplo, eles e elas não se cumprimentam... apenas se já se conhecem. De todos os povos, os africanos são os únicos que se cumprimentam. Indianos e indianas também não se saúdam... talvez indígenas nas Américas se cumprimentem, eu não sei. Nós sempre nos

---

49. Conferir o livro de Gaber e Aldridge (1994) *In the Best Interests of the Child: Culture, Identity and Transracial Adoption* (sem tradução para o português), que oferece uma visão complexa da discussão controversa acerca da adoção transracial.

cumprimentamos e é incrível, não é?... Eu acho que isso tem a ver com a nossa história, sabe... nós temos uma história tão especial, ninguém tem a história que temos. Nós passamos por séculos de discriminação e sofrimento, é muito profundo...

Alicia descreve como, desde criança, pessoas *negras* a cumprimentam na rua: "Olham, sorriem ou dizem oi, sempre... e continuam andando." Esse gesto, que ela mais tarde associa à história particular dos povos africanos, parece recriar uma união entre aquelas/es que se cumprimentam.

As pessoas trocam saudações sem se conhecerem. O momento de saudação parece ser um ritual coletivo destinado a reparar a experiência histórica de ruptura e fragmentação. Em outras palavras, o momento da saudação parece ser um processo de reparação pelo qual o indivíduo recria uma conexão que fora quebrada. "Acho incrível", Kathleen acrescenta, "de todos os povos, os africanos são os únicos que se cumprimentam."

O Tráfico Negreiro tornou a África única em sua história colonial. Embora a escravização em si tenha existido desde a Antiguidade e permaneça familiar em muitas partes diferentes do mundo, o Tráfico Negreiro foi único do povo africano, pois, pela primeira vez na história, seres humanos se tornaram artigos de comércio: ao longo de séculos, eles podiam ser comprados, vendidos e substituídos (Reed-Anderson, 2000; Oguntoye, 1997). A África é o único continente cuja população foi negociada: desmembrada, escravizada, coletivamente segregada da sociedade e privada de seus direitos, tudo para o benefício das economias europeias.

O choque terrível da separação e a dor violenta de se privar do elo com a comunidade, tanto dentro como fora do continente, são experiências de ruptura que transmitem a definição clássica de trauma. O desmembramento dos povos africanos simboliza um trauma colonial, pois trata-se de uma ocorrência que afetou tragicamente não apenas aquelas e aqueles que ficaram para trás e sobreviveram à captura, mas sobretudo aquelas e aqueles que foram levadas/os para o exterior e escravizadas/os. Metaforicamente, o continente e seus povos foram desarticulados, divididos e fragmentados. É essa história de ruptura que une *negras* e *negros* em todo o mundo.

A troca de saudações pode ser vista, então, como um ritual coletivo destinado a reparar esse desmembramento traumático, reunindo aquelas/es que foram separadas/os à força, e está principalmente ligada à reparação do trauma colonial e não necessariamente à experiência do racismo e seu isolamento. Como lembra Alicia, muitas vezes ela observara outras pessoas racializadas na rua que "não se cumprimentam, a menos que se conheçam. [Mas] nós sempre nos cumprimentamos". A saudação se refere a algo que precede a experiência do racismo cotidiano. Algo que remete à história, uma história de fragmentação imaculada.

> Por um longo tempo eu não consegui entender o que estava por trás dessa saudação, sabe... Quando eu era pequena isso me incomodava. Quando fiquei mais velha (adolescente) eu costumava ficar chateada, embora eu também ficasse curiosa. Eu pensava que isso era um absurdo... Por que essas pessoas deveriam me cumprimentar?... já que elas não me conheciam.

Quem elas pensam que são? Eu pensava, só porque elas são *negras* não significa que eu vou cumprimentá-las. Eu não saúdo pessoas que eu não conheço, somos todas pessoas independentes agora. Eu costumava ficar muito chateada... Eu acho que eu tinha muito medo de entender o que estava por trás disso... Eu achava que era demais...

Alicia costumava ficar incomodada quando as pessoas a cumprimentavam na rua, uma estratégia que ela usava para evitar o que ela achava que poderia levar à devastação emocional. Ela não sentia que seria capaz de lidar com a conotação da saudação: por que pessoas *negras* deveriam se cumprimentar se nem se conhecem? Aquelas/es que trocavam saudações nunca tinham se encontrado antes, então a saudação estava obviamente ligada não ao presente, mas a uma ferida do passado coletivo, e era uma lembrança do dano histórico que causava imensa ansiedade a Alicia; "Somos todas pessoas independentes agora", afirma ela, sua estratégia para esquecer um passado centrado em perda e fragmentação.

Sobrevivência pessoal e coletiva é frequentemente baseada na repressão da memória de eventos passados dolorosos. De acordo com isso, Alicia inicialmente reprimiu a ideia inaceitável dessa historicidade, argumentando que "só porque elas são *negras* não significa que eu vou cumprimentá-las". Essa afirmação só se torna lógica se a ideia do passado for esquecida ou reprimida. Esta é a principal função da repressão: afastar uma ideia inaceitável e mantê-la longe do consciente por conta da ansiedade que ela causa. A ideia de ter separação e perda no centro de sua experiência surge como um pensamento devastador.

Alicia se opõe a uma possibilidade tão avassaladora: "(...) eu [não] vou cumprimentá-las. Eu não saúdo pessoas que eu não conheço (...)" O procedimento pelo qual o *sujeito*, ao formular um desejo ou pensamento reprimido, se esforça para continuar a defender-se contra ele, desmentindo-o, é novamente o que chamamos de *negação* (Laplanche e Pontalis, 1988). Alicia admite o conteúdo do pensamento reprimido –, a troca de saudações – mas somente em sua forma negativa: o "não" com o qual o fato é inicialmente negado é, imediatamente, seguido pela sua confirmação do mesmo. Esse é o princípio da negação: ganha-se consciência da ideia reprimida, mas sua formulação é negativa. A negação, portanto, marca a conscientização do material reprimido que ainda não pode ser inteiramente confessado. De acordo com a interpretação de Freud (1923), se desconsiderássemos a própria negação e selecionássemos o assunto independentemente da associação, corrigiríamos as frases assim: "Eu vou cumprimentá-las." E finalmente poderíamos traduzi-las em: "É verdade que a saudação me vem à mente quando vejo outras pessoas *negras*, mas não me sinto inclinada a deixar que a associação se faça." A noção de negação, portanto, sinaliza o momento em que uma ideia ou desejo inconsciente começa a reemergir.

28 "(...) *Sistah*, ele disse" – Mama Africa e reparação traumática

Uma vez um jovem me cumprimentou na rua e eu olhei para ele muito chateada e perguntei: "Com licença, nós nos conhecemos?" Ele, então, olhou para mim e disse "Não... *sistah*!" e continuou andando. Eu fiquei paralisada... queria ficar chateada, mas ao mesmo tempo... aquilo tocou meu coração. Ele agia tão naturalmente... e ele me chamou de irmã, isso foi tão confuso. Irmã. Aquilo foi muito... amoroso. Ele era um estranho e naquele momento eu senti quanto nós tínhamos em comum, sabe... eu era sua irmã e ele era meu irmão, mas nós não nos conhecíamos – isso é forte demais. Eu acho que era o que eu estava evitando o tempo todo... É como se ele estivesse dizendo: "Sim, *sistah*, eu sei o que você passou. Eu também. Mas eu estou aqui... Você não está sozinha." Isso é o que havia na saudação. E isso me tocou... Hoje em dia, eu geralmente cumprimento outras pessoas *negras*. Acabou se tornando algo natural, eu nem penso mais. Eu tenho o desejo de fazer... de uma certa maneira estar em contato com elas/es e, de uma maneira, mostrar que temos coisas em comum... como nossa história e o fato de sermos discriminadas/os...

Foi o vocabulário que impressionou Alicia. Ela foi chamada de *sistah*. O termo que o jovem usou indica uma/um ancestral comum: a irmã compartilha a mesma ascendência que o irmão que a aborda como tal. Ambos têm a mesma mãe e/ou pai, são parentes e membras/os da mesma unidade familiar. Essa terminologia, comum entre africanas/os e africanas/os da diáspora, recorda a existência de uma família imaginária, uma família onde todas/os as/os integrantes são irmãs e irmãos, crianças do mesmo continente-mãe – a África.

Essa ideia de uma família imaginária nos leva de volta ao conceito de trauma e fragmentação coletiva. A terminologia de "irmã" e "irmão" recria um senso de unidade, ilustrando o continente africano como uma família mutilada e as/os descendentes daquela família mutilada que, como consequência de ter sido dilacerada, inevitavelmente reconhecem umas/uns às/aos "*outras/os*" como parentes, toda vez que elas/es se encontram. Tal reconhecimento está inscrito na linguagem e na própria saudação como uma tentativa evidente de trabalhar o trauma colonial da separação. É um momento de reunificação e uma forma de juntar os fragmentos de uma experiência distorcida.

Essa reunificação, no entanto, ocorre não apenas em um nível histórico, mas também em um nível individual. Como Alicia diz: "[Hoje] tenho o desejo [de saudar porque] temos coisas em comum... como a nossa história e o fato de sermos discriminadas/os". Ela fala de dois momentos cronológicos: o passado e o presente. A saudação e sua linguagem familiar curam as feridas do passado colonial, criando um cenário para superar as feridas do racismo cotidiano no presente. De fato, africanas/os do continente e da diáspora foram forçadas/os a lidar não apenas com o trauma individual, mas também com o trauma coletivo e histórico do colonialismo, revivido e reatualizado pelo racismo cotidiano. Em um ambiente como tal, trocar saudações torna-se um momento curto – o momento de dar um sorriso – no qual se constrói um cenário para superar a perda e o isolamento racial e, ao mesmo tempo, de desenvolver um sentimento de pertencimento.

14. DESCOLONIZANDO O EU

O trauma colonial

Para concluir este livro, gostaria de voltar ao seu início: o título *Memórias da Plantação*. Eu quero usar a metáfora da *"plantação"* como o símbolo de um passado traumático que é reencenado através do racismo cotidiano. Estou, portanto, falando de um trauma colonial que foi memorizado.

O passado colonial foi "memorizado" no sentido em que "não foi esquecido". Às vezes, preferimos não lembrar, mas, na verdade, não se pode esquecer. A teoria da memória de Freud é, na realidade, uma teoria do esquecimento. Ela pressupõe que todas as experiências, ou pelo menos todas as experiências significativas, são registradas, mas que algumas ficam indisponíveis para a consciência como resultado da repressão e para diminuir a ansiedade. Já outras, no entanto, como resultado do trauma, permanecem presentes de forma espantosa. Não se pode simplesmente esquecer e não se pode evitar lembrar.

A ideia da *"plantação"* é, além disso, a lembrança de uma história coletiva de opressão racial, insultos, humilhação e dor, uma história que é animada através do que chamo de episódios de racismo cotidiano. A ideia de "esquecer" o passado torna-se, de fato, inatingível; pois cotidiana e abruptamente, como um choque alarmante, ficamos presas/os a cenas que evocam o passado, mas que, na verdade, são parte de um presente irracional. Essa configuração entre passado e presente é capaz de retratar a irracionalidade do racismo cotidiano como traumática.

O termo trauma é originalmente derivado da palavra grega para "ferida" ou "lesão". O conceito de trauma refere-se a qualquer dano em que a pele é rompida como consequência de violência externa. Analiticamente, o trauma é caracterizado por um evento violento na vida do *sujeito* "definido por sua intensidade, pela incapacidade do *sujeito* de responder adequadamente a ele e pelos efeitos perturbadores e duradouros que ele traz à organização psíquica" (Laplanche e Pontalis, 1988, p. 465). A escravização, o colonialismo e o racismo cotidiano necessariamente contêm o trauma de um evento de vida intenso e violento, evento para o qual a cultura não fornece equivalentes simbólicos e aos quais o *sujeito* é incapaz de responder adequadamente porque, como Claire Pajaczkowska e Lola Young (1992, p. 200) argumentam, " a realidade da desumanização do povo *negro* é aquela que não há palavras adequadas para simbolizar". Além disso, dentro da combinação de narcisismo *branco* e negação, a capacidade de encontrar equivalentes simbólicos para representar e descarregar tal realidade violenta torna-se bastante difícil.

Sigmund Freud usa a dificuldade de descarregar a violência como a medida primária para entender o trauma. Em *Além do princípio do prazer* (1923), ele fala de uma barreira, um escudo protetor ou camada, que permite somente que quantidades toleráveis de excitação externa passem por ela. Se essa barreira sofrer alguma violação, o trauma é o resultado. Rotular um evento traumático é afirmar que uma experiência violenta totalmente inesperada aconteceu com o *sujeito* sem que ele a desejasse de forma alguma ou conspirasse para sua ocorrência. A escravização, o colonialismo e o racismo cotidiano contêm uma imprevisibilidade que leva a efeitos prejudiciais: prejudicial porque o aparato psíquico não pode "eliminar as excitações de acordo com o princípio da constância"

(Laplanche e Pontalis, 1988, p. 467). Em termos econômicos, o trauma é caracterizado por um influxo de excitações que excedem a tolerância do *sujeito* devido a sua violência e imprevisibilidade; isto é, o aparato psíquico é incapaz de descarregar tais excitações porque elas são desproporcionais em relação à capacidade de organização psicológica, seja no caso de um único evento violento, seja do acúmulo de eventos violentos. O racismo cotidiano não é um evento violento na biografia individual, como se acredita – algo que "poderia ter acontecido uma ou duas vezes" –, mas sim o acúmulo de eventos violentos que, ao mesmo tempo, revelam um padrão histórico de abuso racial que envolve não apenas os horrores da violência racista, mas também as memórias coletivas do trauma colonial.

O trauma, no entanto, raramente é discutido dentro do contexto do racismo. Essa ausência indica como os discursos ocidentais, e as disciplinas da psicologia, e da psicanálise em particular, negligenciaram amplamente a história da opressão racial e as consequências psicológicas sofridas pelas/os oprimidas/os. As/Os psicanalistas tradicionais não reconheceram a influência das forças sociais e históricas na formação do trauma (Bouson, 2000; Fanon, 1967). Contudo, os dolorosos efeitos do trauma mostram que as/os africanas/os do continente e da diáspora foram forçadas/os a lidar não apenas com traumas individuais e familiares dentro da cultura *branca* dominante, mas também com o trauma histórico coletivo da escravização e do colonialismo reencenado e reestabelecido no racismo cotidiano, através do qual nos tornamos, novamente, a/o "*Outra/o*" subordinado e exótico da branquitude.

O trauma e o racismo cotidiano

Eu gostaria, portanto, de conceitualizar a experiência do racismo cotidiano como traumática. O relato psicanalítico do trauma traz três ideias principais implícitas: primeira, a ideia de um *choque violento* ou de um evento inesperado para o qual a resposta imediata é o choque; segunda, a *separação* ou fragmentação, pois esse choque violento inesperado priva a relação da pessoa com a sociedade; e, terceira, a ideia de *atemporalidade*, na qual um evento violento que ocorreu em algum momento do passado é vivenciado no presente e vice-versa, com consequências dolorosas que afetam toda a organização psicológica, entre as quais se encontram pesadelos, *flashbacks* e/ou dor física (Bouson, 2000; Kaplan, 1999; Laplanche e Pontalis, 1988).

Nesse sentido, vincularei o "trauma colonial" ao "trauma individual" e explorarei as diferentes categorias de trauma dentro do racismo cotidiano: (1) choque violento, (2) separação e (3) atemporalidade.

O choque violento

A experiência de Alicia de ter seu cabelo tocado por pessoas *brancas* – "Ah, que cabelo interessante!" – oferece um relato impressionante de como o racismo cotidiano expressa o primeiro elemento do trauma clássico, o choque violento. Alicia faz a seguinte observação ao ser inesperadamente abordada como a/o *"Outra/o"* descartável: "Eu nunca tocaria o cabelo de alguém daquela forma, do nada", e fica chocada, pois não esperava ser vista como tal. Nesse momento de surpresa e dor, Alicia tenta encontrar alguma "razão" dentro da "desrazão", mas em vez disso recebe mais respostas "irracionais": "Mas seu cabelo é diferente", explica sua mãe, "e as pessoas só estão curiosas!" Alicia não consegue empregar um significado "razoável" ao ato de ser tocada nem à resposta de sua mãe pois, dentro do racismo, nenhum acordo "no plano da razão" (Fanon, 1967, p. 123) é possível.

De modo semelhante, Kathleen narra de forma inspiradora sua experiência de ser saudada por uma menina – "Que *N*. linda!" – também como um choque violento. "Eu não me lembro da primeira vez que alguém, de fato, colocou as mãos em mim, para checar como pessoas *negras* são...", declara ela. "Mas eu me lembro dessa (garota) dizendo '*die schöne Negerin*'." Kathleen tenta "racionalizar" um mundo "irracional" que insiste em performar o passado no presente. Mas aqui também não há acordo possível no plano da razão, já que Kathleen está sendo tratada com a mesma terminologia violenta que seus ancestrais. Ela é uma *N*. "Coube ao homem *branco* [e à mulher *branca*] ser mais irracional do que eu", escreve Fanon (1967, p. 123).

A sensação de choque e imprevisibilidade é o primeiro elemento do trauma clássico e aparece em todos os episódios do racismo cotidiano. "Ah! Não, não!... mas você não pode ser alemã", dizem elas, apontando para a pele de Alicia. O choque violento reside não somente no fato de ser colocada como a "*Outra*", mas também em uma explicação irracional que é difícil de assimilar: "O que você pode dizer?", pergunta Alicia. "Eu não sei o que eu fiz para superar aquilo", confessa Kathleen. Não há, de fato, nenhum acordo no plano da razão; o choque é a resposta à violenta irracionalidade do racismo cotidiano. Essa é a primeira característica do trauma clássico, qualquer experiência totalmente inesperada que o *sujeito* é incapaz de assimilar e à qual a resposta imediata é o choque (Bouson, 2000; Laplanche e Pontalis, 1988). Isso não é o mesmo que dizer que o racismo é inesperado – infelizmente ele é esperado –, mas a violência e a intensidade do racismo são tamanhas que, apesar de esperadas, elas sempre recriam esse elemento de surpresa e choque. Em outras palavras, uma pessoa nunca está preparada para assimilar o racismo porque, assim como em qualquer outra experiência traumática, é muito assustador ser "integrada nas estruturas mentais já existentes" (Van Der Kolk, 1991, p. 447). Além disso, o racismo cotidiano não é um evento isolado, mas sim um acumular de episódios que reproduzem o trauma de uma história colonial coletiva. O choque violento, portanto, resulta não somente da agressão racista, mas também da agressão de ser colocada (de volta) no cenário colonial.

Após apresentar à/ao leitora/leitor seus episódios traumáticos e intensos de racismo cotidiano, Fanon tenta trabalhá-los reivindicando anonimato: "Afastei-me muito de minha própria presença, e me fiz de fato um *objeto*" (1967, p. 112). Ele continua: "Eu deslizo pelos cantos, permaneço em silêncio, aspiro ao anonimato, à invisibilidade" (Fanon, 1967, p. 116). Para salvar-se dessas agressões traumáticas esperadas, Fanon espera não ser notado. Ele é levado à alienação, pois identifica sua invisibilidade com igualdade: uma falsa equação, considerando que ele não pode escapar de sua *negritude* nem do racismo que o rodeia. E ele está consciente disso, confessando que está cercado por "toda essa branquitude que me queima" (Fanon, 1967, p. 114). Alicia também aspira ao anonimato para escapar a ataques racistas: "às vezes tenho de ignorar (e) fingir que esqueci tudo", explica ela. E em outros momentos "eu simplesmente não respondo, mas então as pessoas ficam muito chateadas... muito chateadas". Ela pode desejar o anonimato, mas não pode escapar da agressão racista.

O desejo de anonimato também revela o desejo de não ser "assombrada/o" pelo trauma do racismo. Ser traumatizada/o, argumenta Cathy Caruth (1991, p. 3), "é precisamente ser possuída/o por uma imagem ou um evento". O trauma de ter sido atacada/o pelo racismo se torna uma possessão, que assombra o *sujeito* e interrompe, repetidamente, seu senso normal de previsibilidade e segurança. Kathleen descreve esse "poder assombroso" do trauma quando, de forma notável, ela diz: "Pessoas brancas não estão ocupadas conosco, por que estamos constantemente ocupadas com elas? Sempre tentando entender o que aconteceu, sempre pensando, sempre perplexas..." Ela percebe como é assombrada, possuída pelo racismo. O racismo se torna um fantasma, assombrando-nos noite e dia. Um fantasma *branco*. Vivê-lo é tão excessivo e intolerável para a organização psíquica, que a violência do racismo assombra o *sujeito negro* de maneiras que outros eventos não o fazem. É uma estranha possessão que retorna, de maneira intrusiva, como conhecimento fragmentado. Somos assombradas os por memórias e experiências que causaram uma dor desumanizante, uma dor da qual se tem pressa em fugir. O racismo cotidiano revela esse primeiro elemento do trauma, quando alguém é inesperadamente agredido por um evento violento que é experimentado como um choque e persiste em assombrar o eu.

A separação

"Eu não tenho a história que se pareça comigo. Sinto que não tenho história nenhuma na verdade, porque a minha história – a história alemã, a história afro-alemã – não é bem-vinda", diz Alicia. "É como se eu tivesse de cortar isso de mim, cortar minha personalidade como uma esquizofrênica. Como se algumas partes de mim não existissem", descreve ela o sentimento de separação. A metáfora de "cortar" ou "cortar sua personalidade" expressa o segundo elemento do trauma clássico: o sentimento de ruptura, corte e perda causada pela violência do racismo cotidiano, um choque inesperado que priva o *sujeito* de suas conexões com a sociedade. "De onde você é? Por que você fala alemão tão bem?" Essas perguntas quebram o vínculo de Alicia com uma sociedade inconscientemente considerada *branca*. Sua noção de pertencimento é ferida, pois ela é violentamente atacada e separada da sociedade. "A N. parece tão legal." Kathleen descreve o sentimento de separação resultante do choque violento de ser colocada como a *"Outra"*. Sua realidade é fragmentada, já que ela é separada das/os *"outras/ os"* pelo racismo. A menina *branca*, a mãe *branca* e o namorado *branco* são um, enquanto Kathleen é a *"Outra"*. No trauma clássico, os laços com outros humanos, com a noção de comunidade ou com um grupo, tão básico para a identidade humana, são perdidos (Bouson, 2000). Kathleen é separada duas vezes da comunidade: primeiro, porque se torna uma N., enquanto as pessoas que a cercam não o são; e, segundo, porque, ao se tornar uma das/os N., ela está então em uma espécie de subcategoria da humanidade. Ela é separada duas vezes: dentro da sala e novamente fora da sala. "Naquele dia, completamente deslocado", escreve Fanon (1967, p. 112), "incapaz de estar no exterior com o outro, o homem branco, que impiedosamente me aprisionou, eu me levei longe da minha presença, para bem longe, de fato, e me fiz um *objeto*." A noção de comunidade de Fanon e seu vínculo com a humanidade são radicalmente interrompidos. Essa sensação de fragmentação coincide com a fragmentação histórica da escravização e do colonialismo. Uma história centrada no drama da desunião, da separação e do isolamento. Não é por acaso que em suas publicações – *All About Love: New Visions* (2000) e *Salvation: Black People and Love* (2001) – bell hooks escreve sobre amor e união como um projeto político para as pessoas *negras*. hooks argumenta que as autobiografias de africanas/os escravizadas/os "contam uma história coletiva de indivíduos emocionalmente devastados pela separação da pátria, do clã e da família" (2001, p. 19-20). Quando laços emocionais eram estabelecidos entre indivíduos, ou "quando crianças nasciam de pais e mães escravizadas/os, esses vínculos eram, muitas vezes, cortados. Não importa a ternura da conexão, ela foi, muitas vezes, ofuscada pelo trauma do abandono e da perda". As narrativas de pessoas escravizadas e colonizadas documentam os esforços que *negras* e *negros* fizeram para normalizar a vida em uma realidade fragmentada. Devido a essa fragmentação histórica, e ao seu esmagador sentimento de separação, o amor e a união emergem como uma tarefa política para reparar nossa historicidade individual e coletiva de perda e isolamento. Fomos, e ainda somos, privadas/os do nosso elo com a sociedade, fato que nos causa uma sensação interna de perda. Assim, a ideia de unidade é usada como um movimento político para superar a separação, o segundo elemento do trauma.

Atemporalidade: o passado e o presente

Todos os episódios revelam um sentimento de atemporalidade, quando a pessoa *negra* é abordada no presente como se estivesse no passado. "Como você lava seu cabelo? Como você penteia seu cabelo?" Alicia está sendo vista através de um velho olhar colonial: "*Negras/os* são selvagens, brutas/os, analfabetas/os" (Fanon, 1967, p. 117). Em choque, Alicia tenta primeiro responder a essa agressão com certo divertimento: "Que pergunta. Como eu lavo meu cabelo? Bem, com água e xampu, como todo mundo", diz ela rindo. Mas esse riso se torna impossível de sustentar. "Eu me pergunto, o que é que elas realmente querem dizer (...) Eu não sei... Bom, eu sei, mas nem quero pensar nisso!" Ela não pode mais rir, pois o racismo não é uma questão de riso, mas de dor. De fato, não há nada para se rir a respeito. "Olha para você, olha pro seu cabelo, você tá parecendo uma ovelha!" "Por que você não cuida do seu cabelo?" "Você sabe o que é um pente?!" A violência aumenta à medida que o presente se aproxima do passado.

É como se Alicia fosse transportada para outro lugar na história, sendo tratada como se vivesse um século atrás. Ela não está mais aqui. Ou, pelo menos nessa cena, "aqui" parece ser "naquela época". Essa sensação de imediatismo e presença é o terceiro elemento do trauma clássico. Um evento que ocorreu em algum momento do passado é vivenciado como se estivesse ocorrendo no presente e vice-versa: o evento que ocorre no presente é vivenciado como se se estivesse no passado. O colonialismo e o racismo coincidem. "Eu me lembro de sentir pela primeira vez... esse tipo de dor física quando ouvi essa palavra", diz Kathleen. O passado a agride no presente. Assim que ela ouve a palavra *N.*, ela diz: "Eu senti essa dor nos meus dedos." Kathleen é assombrada pelo passado traumático, que "retorna, de maneira intrusiva, em forma de experiências sensoriais ou motoras fragmentadas" (Van Der Kolk e Van Der Hart, 1991, p. 447). Somos assombradas/os por memórias coloniais intrusivas, que tendem a voltar.

A escravização e o colonialismo podem ser vistos como coisas do passado, mas estão intimamente ligados ao presente. Em *Ghosts of Slavery*, Jenny Sharpe (2003) enfatiza a relação entre o passado e o presente, um presente assombrado pelo passado invasivo da escravização. Ela se refere à escravização como uma "história assombrada" que continua a perturbar a vida atual das pessoas *negras*. Seu objetivo, diz ela, é ressuscitar a vida das/os ancestrais, elevando a memória dolorosa da escravização e contando-a corretamente. Esta é uma associação fascinante: nossa história nos assombra porque foi enterrada indevidamente. Escrever é, nesse sentido, uma maneira de ressuscitar uma experiência coletiva traumática e enterrá-la adequadamente. A ideia de um enterro impróprio é idêntica à ideia de um episódio traumático que não pôde ser descarregado adequadamente e, portanto, hoje ainda existe vívida e intrusivamente em nossas mentes. Assim, a atemporalidade, por um lado, descreve o passado coexistindo com o presente e, por outro lado, descreve como o presente coexiste com o passado. O racismo cotidiano nos coloca de volta em cenas de um passado colonial – colonizando-nos novamente.

Descolonização

Descolonização refere-se ao desfazer do colonialismo. Politicamente, o termo descreve a conquista da autonomia por parte daquelas/es que foram colonizadas/os e, portanto, envolve a realização da independência e da autonomia.

A ideia de descolonização pode ser facilmente aplicada no contexto do racismo, porque o racismo cotidiano estabelece uma dinâmica semelhante ao próprio colonialismo: uma pessoa é olhada, lhe é dirigida a palavra, ela é agredida, ferida e finalmente encarcerada em fantasias *brancas* do que ela deveria ser. Para traduzir esses cinco momentos em linguagem colonialista militarista: a pessoa é descoberta, invadida, atacada, subjugada e ocupada. Ser "olhada" torna-se análogo a ser "descoberta" etc. Assim, em questão de segundos, uma manobra colonial é realizada sobre o *sujeito negro*, que simbolicamente se torna colonizado. De fato, gosto da metáfora do racismo cotidiano como um ato de colonização, porque o colonialismo jaz exatamente na extensão da soberania de uma nação sobre um território além de suas fronteiras – e é essa também a experiência do racismo cotidiano. A pessoa que o experiencia sente como se estivesse sendo apropriada pela/o *"outra/o" branca/o* que, sem permissão, "anda na sua direção e pergunta [de onde você vem] sem sequer conhecê-la", de acordo com Alicia, ou "tocam nosso cabelo ou nossa pele para sentir como pessoas *negras* são", de acordo com Kathleen. Não importa onde você esteja: "em um ônibus, em uma festa, na rua, em um jantar ou até mesmo no supermercado". Alicia e Kathleen descrevem o racismo cotidiano como um ritual *branco* de conquista colonial, pois elas sentem que estão sendo invadidas como um pedaço de terra. Seus corpos são explorados como continentes, suas histórias recebem novos nomes, suas línguas mudam; e, acima de tudo, elas se veem sendo moldadas por fantasias invasivas de subordinação. Por um momento, elas se tornam colônias metafóricas.

É como se o *sujeito branco* tivesse a urgência em recuperar o *objeto* de sua perda. Em um estado de luto e desespero, o *sujeito branco* realiza então um ritual de ocupação colonial, rejeitando a ideia de que tal perda tenha ocorrido. Assim, ele protesta contra o fato: "Eu digo que sou alemã", declara Alicia. "Ah! Não, não! Mas você não pode ser alemã", respondem pessoas brancas tentando desesperadamente restaurar a perda de um passado colonial. Enquanto o *sujeito branco* reencena o passado, o presente é proibido ao *sujeito negro*. Essa é a função do racismo cotidiano: restabelecer uma ordem colonial perdida, mas que pode ser revivida no momento em que o *sujeito negro* é colocado novamente como a/o *"Outra/o"*.

Devido ao fato de o *sujeito branco* não querer superar a perda do passado – ou seja, a perda tanto do colonialismo quanto da ideia de supremacia *branca* –, ele também não é capaz de se reassociar à ideia de igualdade racial. O presente e a ideia de igualdade são recusados e, no lugar, prevalece a fantasia de que o passado triunfará. Estamos lidando aqui com um estado de luto colonial, já que o *sujeito branco* se sente incrédulo e indignado porque as/os "*Outras/os*" raciais podem se tornar iguais a ele. Somos, de fato, aprisionadas/os num ato de colonialismo que somos obrigadas/os a "desfazer".

Este é o momento em que tanto a colonização quanto a descolonização tornam-se entrelaçadas e imperativas. Mas como se dá o processo de "desfazer"? Como alguém se descoloniza? Como deve ser a descolonização do eu? E quais perguntas devem ser feitas para encontrar possíveis respostas? Devo perguntar, por exemplo, o que você fez depois do incidente do racismo? Ou deveria, em vez disso, perguntar o que o incidente do racismo fez com você? O foco deve estar na resposta ou na reflexão? A performance em relação ao outro *branco* ou os sentimentos em relação a si mesma/o?

"*O que você fez?*" vs. "*O que o racismo fez com você?*"

Não é preciso escolher um ou outro. Mas lembrando que o racismo cotidiano tem sido intensamente negado em nossa sociedade e que aquelas/es que o experienciam são constantemente lembradas/os de não nomeá-lo, mantê-lo quieto, como um segredo – nesse sentido, a pergunta "O que o incidente fez com você"? é bastante libertadora, pois ela abre espaço para o que foi negado.

É comum insistir no que alguém fez – "O que você fez depois?" –, mas não no que o racismo fez com a pessoa. O mito de que as pessoas *negras* se vitimizam quando falam sobre as feridas causadas pelo racismo é uma estratégia muito eficaz para silenciar aquelas que estão prontas para falar. A questão "O que o racismo faz com você?" não tem nada a ver com vitimização; tem a ver com o empoderamento, pois precede o momento no qual alguém se torna o *sujeito* falante, falando de sua própria realidade. Eu não me preocupei com a questão "O que você fez?", mas sim com "O que o racismo fez com você?". Eu realmente vejo essa pergunta como um ato real de descolonização e resistência política, na medida em que permite ao *sujeito negro*, finalmente, se ocupar consigo mesma/o, em vez de com a/o "*outra/o*" *branca/o*. A pergunta é direcionada para o interior (o que – *ela/e* – fez – com *você*) e não para o exterior (o que – *você* fez – com *elas/eles*). Para mim, isso é bastante revolucionário.

Como mencionado acima, o racismo cotidiano aprisiona o *sujeito negro* em uma ordem colonial que o força a existir apenas através da presença alienante do *sujeito branco*. A pergunta "O que você fez?" tende a forçar o *sujeito negro* a desenvolver um relacionamento com ele mesmo através desse outro, ao focar na performance de si mesmo em relação ao público *branco*. A pessoa *negra* é, então, convidada a se ocupar novamente com o que o *sujeito branco* deveria ouvir, como conquistá-lo e como ser compreendido por ele – criando uma dependência virtual.

Isso não significa que a pergunta em si seja irrelevante, mas ela deve ser secundária e não primária, pois pode nos aprisionar novamente na velha ordem colonial.

Dependência vs. *independência: definindo novas fronteiras*

Alicia descreve essa dependência muito bem quando argumenta, tentando explicar para seu público *branco*, que ela é de fato alemã, mas, apontando para sua pele, as pessoas insistem que ela é "estrangeira" (*foreignness*). Ela tenta explicar de novo e de novo, mas elas continuam perguntando. Alicia tem de perceber que ela está presa em um ato de colonização. O conflito não reside na resposta que ela dá, mas no prazeroso poder de invadi-la – e torná-la dependente. Kathleen descreve essa dependência *branca,* quando no trabalho seus colegas ficam perguntando de onde ela vem: "Eu sou dos Estados Unidos", responde ela. "Sim, mas e seus pais?" "Eles são dos Estados Unidos." "E seus avós, de onde são? E seus bisavós?" Kathleen é questionada repetida e exaustivamente. O questionário, que Kathleen experiencia como invasivo, revela como não são suas respostas que realmente importam, mas o próprio ato de invasão. Aquelas que perguntam não estão interessadas em suas respostas, mas sim na experiência de ocupar o *sujeito negro* com elas mesmas. Aqui, a branquitude surge como uma identidade dependente, compulsivamente querendo invadir, ocupar e possuir o *sujeito negro* como sua/seu "*Outra/o*".

Se, por um lado, o *sujeito branco* parece estar obcecado com a ideia de invadir o *sujeito negro*, o *sujeito negro,* por outro lado, tem de chegar à conclusão de que o racismo não é falta de informação, mas sim o desejo violento de possuí-lo e controlá--lo. É um ato invasivo com elementos de dependência: o *sujeito branco* pergunta e o *sujeito negro* responde, o *sujeito branco* pede e o *sujeito negro* explica, o *sujeito branco* exige e o *sujeito negro* elucida. Podemos explicar, mas dentro do racismo o objetivo não é entender, mas possuir e controlar. Em outras palavras, o objetivo não é encontrar a resposta, mas sim o divertido ato de manter o *sujeito negro* dependente do eu *branco*. Mais tarde, Alicia confessa que costumava se explicar continuamente e contar sua história em detalhes, mas percebeu que, na verdade, "eles não querem ouvir ou saber sobre isso (...) Às vezes, eu não respondo de jeito nenhum". Ao não responder, Alicia se afasta da cena colonial e, ao fazê-lo, estabelece novos limites em seu relacionamento com a/o *"outra/o" branca/o: eu não respondo porque minha resposta seria minha prisão em sua ordem colonial*. Alicia está, ao mesmo tempo, estabelecendo novos limites (*Grenzen setzen*) e delimitando o acesso das/os *"outras/os"* a si mesma (*sich abgrenzen*). Assim como Kathleen adverte sua vizinha sobre o boneco que ela exibe na varanda. "Expliquei a ela que há três mulheres *negras* morando na casa ao lado e nós achávamos aquilo uma grande porcaria", diz Kathleen. "E todas/os as/os nossas/os amigas/os (*negras/os*) que vêm nos visitar têm de olhar para aquilo também, e que é ofensivo para nós, e que estava invadindo nosso espaço, e que ela estava brincando com algo muito sério. E, por fim, se ela quiser mantê-lo na sua varanda, ela também precisa ter certeza de que ela sabe o que é aquilo." Kathleen define os seus limites e se delimita da vizinha. Ela não está se explicando, mas sim definindo os novos limites do relacionamento entre ela e a mulher *branca*, definindo seu lugar nesse relacionamento *negra* e *branca*: "Duas semanas depois, ela colocou uma pequena capa de plástico em volta do boneco." Kathleen o conseguiu, porque abandonou a constelação colonial.

Explicar é alimentar uma ordem colonial, pois quando o *sujeito negro* fala o *sujeito branco* pode sempre responder com aquela frase desdenhosa: "Sim, mas..." Então, o *sujeito negro* explica mais uma vez, e novamente escuta a frase: "Sim, mas..." E assim o ciclo invasivo e dependente nunca termina. Como o racismo cotidiano é invasivo, é o estabelecimento de limites que leva à própria descolonização, não a explicação. Enquanto se explica incessantemente, o *sujeito negro* expande suas fronteiras em vez de estabelecer novas. Para alcançar um novo papel de igualdade, é preciso também colocar-se fora da dinâmica colonial; isto é, é preciso despedir-se daquele lugar de Outridade. Portanto, é uma tarefa importante para o *sujeito negro* despedir-se (*sich zu verabschieden*) da fantasia de ter de se explicar ao mundo *branco*.

Querer ser compreendida/o vs. *compreendendo: modificando o triângulo*

Explicamos porque queremos ser compreendidas/os. Mas para quem se está explicando? E por quem se quer ser compreendido? Pela/o agressora/agressor? Pelo público *branco*, que observou o incidente de racismo? Ou talvez por ambos? E por que é importante ser entendida/o pela/o *"outra/o" branca/o*? Essa configuração, mais uma vez, implica um triângulo. O racismo cotidiano é realizado em uma constelação triangular na qual o *sujeito negro* aparece em destaque, sozinho. Há sempre três elementos incluídos nesta performance: o *sujeito branco* que ataca, o *sujeito negro* que é atacado e o público *branco* que, em geral, observa silenciosamente, representando o consenso *branco*. Aqui, estou preocupada com a fantasia de se querer ser compreendida/o pelo consenso *branco*. Kathleen descreve essa fantasia quando vê pela primeira vez o boneco negro na varanda de sua vizinha. Sua primeira preocupação é ser entendida: "Eu e minha colega de quarto estávamos tentando decidir o que deveríamos fazer a respeito, se devíamos jogar coisas no boneco ou escrever cartas anônimas." Parece que Kathleen não tem certeza sobre o que fazer, não porque duvide que aquilo seja racista, mas porque deseja, de forma inconsciente, ser compreendida pela mulher *branca*. Há uma desarmonia entre o que o racismo faz com ela e o que ela faz com o racismo. Kathleen sabe o que o racismo causou a ela – fúria –, mas, a princípio, ela fica incerta sobre qual resposta dar. Ela hesita em usar sua raiva e fúria como recursos para negociar o racismo cotidiano; em vez disso, Kathleen fica confusa. Muitas vezes, confundimos sentimentos; por vezes o que sentimos é raiva inflamada e irritação, mas em vez disso expressamos tristeza e impotência. Ou carregamos uma ferida profunda, mas expressamos raiva e irritação constantes. Nós confundimos sentimentos, não porque não os entendemos, mas porque desejamos ser compreendidas/os.

    O que aconteceria se nos permitíssemos sentir a fúria causada pelo racismo? O que deveríamos fazer com essa raiva? Ou com esse desespero? E o que o *sujeito branco* teria de ouvir? Nós investimos fortemente na fantasia de que devemos ser compreendidas/os a fim de evitar um sentimento de desilusão e conflito. De modo geral, porém, não somos compreendidas/os, especialmente quando nos pronunciamos contra o racismo.

Precisamos, infelizmente, aceitar que nem sempre podemos modificar o consenso *branco*, mas, ao contrário, temos de mudar nossa relação com ele. Isso requer que entendamos em vez de querermos ser entendidas/os. "E eu pensei: 'É hoje!'", declara Kathleen, quando decide não mudar a mulher *branca*, mas sim sua relação com a mesma – já que sua fúria é mais evidente do que seu desejo de ser entendida pela vizinha. A mulher *branca* também quer ser entendida, pois afirma ter um amigo cubano que gosta do boneco, assim como ela mesma gosta. Kathleen, no entanto, não é mais compreensiva com o racismo. Em vez disso, ela usa sua raiva como recurso, pois a raiva a ajuda a saber o que ela quer e o que não quer: "[Eu quero dizer a você que esse boneco é] ofensivo".

Da mesma forma, Alicia diz: "E quando eu tinha 21 anos, eu disse aos meus pais para não usarem a palavra *N.*, até aquele momento eu nunca havia sido capaz de falar sobre isso... eles diriam (...) que eu sou muito sensível." Alicia descreve como ela se despede da fantasia de querer ser entendida por seus pais. O fim dessa segunda fantasia coincide com o momento em que, em vez de querer mudar o consenso *branco*, Alicia muda sua relação com ele. Tanto Kathleen quanto Alicia mudam a triangulação original. "Eu leio muito, aprendo, estudo... leio muitos livros... conheço outras pessoas *negras* e compreendi que elas experienciam o mesmo", diz Alicia. "Então, aí eu fui capaz de me definir como *negra* e parei de me chamar de todos aqueles nomes horríveis. Sim...!

Perfeccionismo vs *autonomia: desalienação*

Outra fantasia é a de que se o *sujeito negro* se esforçar o suficiente para explicar será aceito e, assim, escapará da violência do racismo cotidiano. Estou, portanto, falando sobre a fantasia do perfeccionismo em relação ao público *branco* e como isso novamente aprisiona o sujeito *negro* em uma ordem colonial: "Eu deveria ter dito isso em vez daquilo... Não, da próxima vez, você deve dizer isto... O que você diz quando te perguntam de onde você é? O que você faz quando...? Não, não, não, da próxima vez você dirá..." O *sujeito negro* está preso em um estado de servidão permanente, na medida em que procura dar a resposta perfeita ao *sujeito branco*.

Por um lado, a fantasia de perfeição permite que o *sujeito negro* conserte o que foi destruído, já que ele restabelece a autoridade roubada tornando-se justamente autoritário: *Agora eu tenho uma resposta tão boa que você ficará impressionada/o. Eu vou te derrubar!* A fantasia de ser perfeita/o responde à ansiedade de que um desastre racista possa ocorrer novamente a qualquer momento. Dessa vez, porém, a pessoa *negra* está preparada – e não será destruída pelo racismo. Fantasiar sobre ter uma resposta excelente acalma o medo de ser atacada/o novamente pelo sadismo *branco*. Devido à sua inteligência e frieza, a boa resposta é vista como um instrumento para desarmar o outro *branco*. Isso pode, de fato, ser considerado um ato de reparação, já que o *sujeito negro* recria a si mesmo como poderoso; e, nesse sentido, essa fantasia pode ser vista como uma atividade criativa pela qual se resolve um incidente de racismo cotidiano.

A fantasia de perfeição, no entanto, não é deveras gratificante. Ela leva a um estado constante de decepção. É preciso compreender o racismo cotidiano como um ataque violento inesperado e que, de repente, a pessoa é surpreendida pelo choque de sua violência e, nesse sentido, nem sempre é possível responder. A intenção de uma resposta "perfeita" cultiva a noção de um ego *ideal*, um ego que reaja sempre em conformidade toda vez que o *sujeito branco* age. Uma fantasia nada gratificante, pois ninguém pode alcançar tal estado idealizado e de perfeição.

Além disso, essa fantasia cultiva a ideia de servidão. Enquanto a/o *"outra/o" branca/o* atua, ao *sujeito negro* é incumbido o papel de reagir à branquitude. Enquanto a branquitude pode ser incoerente e ter defeitos, espera-se que a *negritude* seja perfeita e precisa. Investir na fantasia de que alguém deve dar a "resposta certa" pode se assemelhar às defesas maníacas e, às vezes, obsessivas. Nessa fantasia a pessoa *negra* tem de se comparar a uma personagem heroica, que tem "respostas" para vários ataques imprevisíveis. Essa é, evidentemente, uma contradição absoluta pelo fato de o racismo ser uma experiência traumática à qual, por vezes, a única reação possível é o choque. E, acima de tudo, uma contradição pelo fato de também sermos seres humanos: "Não desejo ser super-humana mais do que desejo não ser subumana", diz Kathleen. "Quando estou com raiva, quero ter a liberdade de ficar com raiva, e quando estou fraca, gostaria de ter a liberdade de ser fraca." Kathleen associa à ideia de perfeccionismo o conceito de alienação, já que o *sujeito negro* tem de existir como imagem alienante de si mesmo, seja ela criada por *brancas/os*, seja ela criada em oposição à branquitude. Kathleen, ao contrário, quer existir em toda a sua complexidade: zangada, quieta; forte, fraca, alegre, triste; como sabendo as respostas, como não as sabendo de todo. Essa complexidade revela que, na realidade, nem sempre se tem "a resposta" – e essa é a resposta em si. Há várias respostas, em dias distintos, de acordo com os diversos estados de espírito e dependendo de várias circunstâncias. E deveríamos nos sentir livres para nos permitir a existência dessa complexidade. "A resposta" não existe como tal, mas sim várias respostas – e, entre elas, nenhuma. Despedir-se dessa fantasia de perfeição é a terceira tarefa crucial para o *sujeito negro*, a fim de não se limitar à/ao "*Outra/o*" desidealizado nem à/ao "*Outra/o*" idealizado, mas para chegar ao eu complexo.

Tornando-se sujeito

Eu gostaria de concluir com uma sequência de mecanismos de defesa do ego que o *sujeito negro* atravessa para se conscientizar de sua *negritude* e de sua realidade vivida com o racismo cotidiano, pois tais mecanismos de defesa e realidade da *negritude* se tornaram óbvios nas biografias de Alicia e Kathleen. Eu uso mecanismos de defesa do ego, pois a função da defesa é proteger o ego dos conflitos com o mundo exterior. Trata-se de uma designação geral para todas as técnicas que o ego utiliza no intuito de dominar a realidade exterior. Existem, portanto, cinco mecanismos diferentes de defesa do ego: negação/frustração/ambivalência/identificação/descolonização.

A *negação*, como mencionada anteriormente, é o mecanismo de defesa do ego no qual uma experiência só é admitida ao consciente em sua forma negativa. Por exemplo, embora o *sujeito negro* vivencie o racismo, as informações contidas em declarações como "eu vivencio o racismo", "eu sou *negro*" ou "eu sou tratada/o de maneira diferente" causam tanta ansiedade que elas são formuladas no negativo: "eu nunca vivenciei o racismo", "eu não sou *negra/o* de verdade" ou "eu não sou tratada/o de forma diferente". A negação, portanto, protege o *sujeito* da ansiedade que certas informações causam quando são admitidas ao consciente. Somos ensinadas/os a falar com a linguagem da/o opressora/opressor, isto é, na negação o *sujeito negro* fala com as palavras da/o "*outra/o*" *branca/o*: "Não existe racismo", "eu não quero me definir como *negra/o*, porque somos todos humanas/os" ou "eu acho que em nossa sociedade não existem diferenças".

A *frustração* é o estado seguinte de ser, ou ter sido, recusada/o, iludida/o ou decepcionada/o. Malcolm X fala de ser enganada/o (*bamboozled*). O *sujeito negro* chega à conclusão de sua privação no mundo conceitual *branco*. Tal privação leva a efeitos de insatisfação ou incapacidade de alcançar objetivos pessoais: a chamada frustração. "Mesmo que eu queira acreditar que a 'raça' não importa, eu tenho de admitir que eu vivencio o racismo", "Embora me digam que somos todos iguais, tenho de admitir que sou tratada/o de forma diferente". A frustração refere-se, portanto, à falta de oportunidades necessárias para a satisfação, o *sujeito negro* sente-se insatisfeito porque percebe que não tem as mesmas oportunidades que o consenso *branco*. Fica-se frustrada/o com a/o "*outra/o*" *branca/o* e com a sociedade *branca* em geral. A sequência da frustração é – agressão – ansiedade – defesa – inibição. A *ambivalência*, de modo geral, refere-se à coexistência de amor e ódio. Depois de experienciar a frustração, o *sujeito negro* convive com sentimentos ambivalentes em relação ao *sujeito branco*. Ambivalência não significa que alguém tem sentimentos conflitantes por um *objeto*. Em vez disso, ambivalência refere-se a uma atitude emocional subjacente em que as opiniões contraditórias derivam da mesma fonte. Sente-se raiva e culpa em relação às pessoas *brancas*, nojo e esperança, confiança e desconfiança. Orgulho e culpa em relação às pessoas *negras*, solidariedade e vergonha, confiança e dúvida: sentimentos contraditórios em relação a um mesmo *objeto*. Esta etapa é uma preparação para a identificação: com quem devo me identificar?

A *identificação* refere-se ao processo no qual o *sujeito* "assimila um aspecto do outro e é transformado, total ou parcialmente, segundo o modelo que o outro fornece" (Laplanche e Pontalis, 1988, p. 205). Nesse estado, o *sujeito negro* inicia uma série de identificações consecutivas com outras pessoas *negras*: sua(s) história(s), suas biografias, suas experiências, seus conhecimentos, etc. Essa série de identificações previne o *sujeito negro* da identificação alienante com a branquitude. Em vez de se identificar com a/o *"outra/o" branca/o*, desenvolve-se uma identificação positiva com sua própria *negritude*, o que por sua vez, leva a um sentimento de segurança interior e de autorreconhecimento. Tal processo leva à reparação e à abertura em relação às/aos *"outras/os" brancas/os*, uma vez que, internamente, o *sujeito negro* está fora da ordem colonial.

Todo o processo alcança um estado de *descolonização*; isto é, internamente, não se existe mais como a/o "*Outra/o*", mas como o eu. Somos eu, somos *sujeito*, somos quem descreve, somos quem narra, somos autoras/es e autoridade da nossa própria realidade. Assim, regresso ao início deste livro: torna-mo-nos *sujeito*.

Kuá cua toc nguê suba ná cá sobe lá béfá.
"O que é nosso não será tomado pela chuva."
Provérbio tradicional de São Tomé e Príncipe

Referências bibliográficas

Ahmed, Sara. *Strange Encounters. Embodied Others in Post-Coloniality*. London: Routledge, 2000.
Anthias, Floya e Yuval-Davis, Nira. *Racialized boundaries. Race, nation, gender, colour and class and the anti-racist struggle*. New York: Routledge, 1992.
Arndt, Susane Hornscheidt, Antje (Hg.). *Afrika und die deustche Sprache*. Münster: Unrast Verlag, 2004.
Ayim, May. *Grenzlos und unverschämt*. Berlin: Orlanda Verlag, 1997.
Banks, Ingrid. *Hair Matters. Beauty, Power, and Black Women's Consciousness*. New York: New York University Press, 2000.
Barker, Martin. *The New Racism*. London: Junction Books, 1981.
Bhabha, Homi. "Remembering Fanon", foreword to Frantz Fanon. *Black Skin, White Masks*. London: Grove Press, 1986.
Bouson, J. Brooks. *Quiet as it's Kept. Shame, Trauma, and Race in the Novels of Toni Morrison*. New York: SUNY Press, 2000.
Byrd, Ayana D. e Tharps, Lori L. *Hair Story. Untangling the Roots of Black Hair in America*. New York: St. Martin Press, 2001.
Carby, Hazel V. "White Women listen!", in Heidi Safia Mirza (ed.). *Black British Feminism. A Reader*. London: Routledge, 1997.
Caruth, Cathy. Introduction, *Psychoanalysis, Culture and Trauma*, ed. Cathy Caruth, Spec. Issues of *American Imago* 48.1, Spring 1991, pp. 1-12.
Castro Varela, Maria del Mar e Dhawan, Nikita. "Postkolonialer Feminismus und die Kunst der Selbstkritik", in Hito Steyerl e Encarnación Gutiérrez Rodríguez (Hg). *Spricht die Subalterne deutsch? Migration und postkoloniale kritik*. Münster: Unrast Verlag, 2003, pp. 270-290.
Collins, Patricia Hill. *Black Feminist Thought. Knowledge, Consciousness, and the Politics of Empowerment*. New York: Routledge, 2000.
Derrida, Jacques. *Positions*. Chicago: University of Chicago Press, 1981.
Essed, Philomena. *Everyday Racism. Reports from Women of Two Cultures*. Alameda: Hunter House Publishers, 1990.
_____. *Understanding Everyday Racism. An Interdisciplinary Theory*. London: Routledge, 1991.

Fanon, Frantz. *Black Skin, White Masks*. London: Grove Press, 1967.
Feagin, Joe R. e Jean, St. Yanick. *Double Burden. Black Women and Everyday Racism*. New York: M.E. Sharpe, 1998.
Freud, Sigmund. *The Ego and the Id and Other Works* (1923-1925), vol. XIX. London: Vintage, 1923.
Fulani, Lenora. *The Psychopathology of Everyday Racism and Sexism*. New York: Harrington Park Press, 1988.
Gaber, Ivor & Aldridge, Jane (eds.). *In the Best interest of the Child. Culture, Identity and Transracial Adoption*. London: Free Association Books, 1994.
Gaines, Jane. "White privilege and looking relations: race and gender in feminist film theory", in Jessica Evans and Stuart Hall (eds.). *Visual Culture: the reader*. London: SAGE, 2001.
Gilroy, Paul. *'There Ain't No Black in the Union Jack': The cultural Politics of race and nation*. London: Hutchinson, 1987.
_____. "The end of anti-racism", in James Donald e Ali Rattansi (eds). *'Race', Culture and Difference*. London: SAGE, 1992, pp. 49-61.
Hall, Stuart. "Cultural Identity and Diaspora", in Jonathan Rutherford (ed.). *Identity, Community, Culture, Difference*. London: Lawrence & Wishart Limited, 1990, pp. 222-37.
_____. "New Ethnicities", in James Donald & Ali Rattansi (eds.). *'Race', Culture and Difference*. London: SAGE, 1992, pp. 252-9.
_____. "The After-life of Frantz Fanon: Why Fanon? Why Now ? Why Black Skin, White Masks?", in Alan Read (eds.) *The Fact of Blackness. Frantz Fanon and Visual Representation*. London: Bay Press, 1996, pp. 12-37.
Handler, Jerome e Hayes, Kelly. Escrava Anastácia: The Iconographic History of a Brazilian Popular Saint, *The African Diaspora Magazine*,, 2009, pp.25-51.
hooks, bell. *Ain't I a Woman. Black Women and Feminism*. Boston: South End Press, 1981.
_____. *Talking Back: Thinking Feminist, Talking Black*. Boston: South End Press, 1989.
_____. *Yearning. Race, Gender and Cultural Politics*. Boston: South End Press, 1990.

—————. *Black Looks. Race and Representation*. London: Turnaround, 1992.

—————. *Teaching to Transgress. Education as the Practice of Freedom*. London: Routledge, 1994.

—————. *Killing Rage. Ending Racism*. New York: Owl Books, 1995.

—————. *All About Love. New Visions*. New York: HarperCollins books, 2000.

—————. *Salvation. Black people and Love*. London: Cox & Wyman, 2001.

Hügel-Marshal, Ika. *Daheim unterwegs. Eine deutsches Leben*. Frankfurt am Main: Fischer Tachenbuch Verlag, 2001.

Jelloun, Tahar Ben. *Le racisme expliqué à ma fille*. Paris: Éditions du Seuil, 1998.

Kaplan, E. Ann. "Fanon, Trauma and Cinema", in Anthony C. Alessandrini (ed.). *Frantz Fanon. Critical Perspectives*. London: Routledge, 1999.

Kennedy, Randall. *Nigger. The Strange Career of a Troublesome Word*. New York: First Vintage Books, 2002.

Kilomba, Grada. "Die Kolonizierung des Selbst – der Platz des Schwarzen", in Hito Steyerl e Encarnación Gutiérrez Rodriguez (Hg.). *Spricht die Subaltern deutsch? Migration und postkoloniale kritik*. Münster: Unrast Verlag, 2003.

—————. "Don't You Call Me '*Neger*'! – Das N-Wort, Trauma und Rassismus", in AntiDiskriminierungsBüro (ADB) Köln von Öffentlichkeit gegen Gewalt e.V. & cybernomads (cbN), *TheBlackBook. Deutschlands Häutungen*. Frankfurt-London: IKO Verlag, 2004.

—————. "No Mask", in Maureen Maisha Eggers, Grada Kilomba, Pegg y Piesche e Susan Arndt. *Masken, Mythen und Subjekte. Weißseinforchung in Deutschland*. Münster: Unrast Verlag, 2005.

Laplanche, Jean e Pontalis, Jean-Bertrand. *The Language of Psychoanalysis*. London: Polestar Wheatons Ltd., 1988.

Loomba, Ania. *Colonialism/Postcolonialism*. London: Routledge, 1998.

Lorde, Audre. *Black Unicorn*. New York: Norton & Co., 1993.

Mama, Amina. *Beyond the Masks. Race, Gender and Subjectivity*. London: Routledge, 1995.

Marriott, David. "Bonding Over Phobia", in Christopher Lane. *The Psychoanalysis of Race*. New York: Columbia, 1998.

Mecheril, Paul. Halb-halb. *iza, Zeitschrift für Migration und Sozial Arbeit*, thema 3-4, 1997.

_____. "Rassismuserfahrungen", in Siegfried Grubitzsch e Klaus Weber (Hg.). *Psychologische Grundbegriffe. Ein Handbuch*. Hamburg: rowohlts enzyklopädie, 1998.

_____. "Ist doch egal, was man macht, man ist aber trotzdem 'n Ausländer" – Formen von Rassismuserfahrungen, in W.D. Butow (Hg.) Familie im... globaler Migration, 2000.

Mercer, Kobena. *Welcome to the Jungle. New Positions in Black Cultural Studies*. London: Routledge, 1994.

Mirza, Heidi Safia (ed.). *Black British Feminism. A Reader*. London: Routledge, 1997.

Mohanram, Radhika. *Black Body. Women, Colonialism and Space*. Minneapolis: University of Minnesota Press, 1999.

Morrison, Toni. *Playing in the Dark. Whiteness and the Literary Imagination*. New York: Vintage Books, 1992.

Nkweto Simmonds, Felly. "My Body, myself: How does a Black woman do sociology?", in Heidi Safia Mirza (ed.). *Black British Feminism. A Reader*. London: Routledge, 1997.

Oguntoye, Katharina; Opitz, May e Schultz, Dagmar (eds.). *Farbe bekennen. Afro-deutsche Frauen auf den Spuren ihrer Geschichte*. Frankfurt: Fischer, 1986.

_____. *Eine afro-deutsche Geshchte. Zur Lebensituation von Afrikanern und Afro-Deutschen in Deutschland von 1884 bis 1950*. Berlin: Hoho Verlag, 1997.

Pajaczkowska, Claire e Young, Lola. "Racism, Representation, Psychoanalysis", in James Donald e Ali Rattansi. *"Race", Culture and Difference*. London: SAGE, 1992.

Rattansi, Ali. "Western Racisms, Ethnicities and Identities in a 'Postmodern' Frame", in Ali Rattansi e Sallie Westwood (eds.). *Racism, Modernity and Identity in the Western Front*. London: SAGE, 1994, pp.15-86.

Reed-Anderson, Paulette. *Rewriting the Footnotes. Berlin and the African Diaspora*. Berlin: Commissionaire for Foreigners' Affairs, 2000.
Reynolds, Tracey. "(Mis)representating the black (super)woman", in Heidi Safia Mirza (ed.). *Black British Feminism. A Reader*. London: Routledge, 1997.
Sam-La Rose, Jacob. Poetry, *Sable: the Literature Magazine for Writers*, Winter 2002, p.60.
Sernhede, Ove. "Gangsta Rap and the Search for Intensity", in Paul Gilroy, Lawrence Grossberg e Angela McRobbie (eds.). *Without Guarantees. In Honour of Start Hall*. London: Verso, 2000.
Sharpe, Jenny. *Ghosts of Slavery. A Literary Archeology of Black Women's Lives*. London: University of Minnesota Press, 2003.
Smith, Barbara (ed.). *Home Girls*. New York: Kitchen Table Press, 1983.
Spivak, Gayatri Chakravarty. "Can The Subaltern Speak?", in Bill Ashcroft, Gareth Griffiths e Helen Tiffin (eds.). *The post-colonial studies reader*. London: Routledge, 1995, p. 24-8.
_____. *Outside in the Teaching Machine*. London: Routledge, 1993.
Staeuble, Irmingard. "Entangled in the Eurocentric Order of Knowledge – Why psychology is difficult to decolonize", in Vasi van Deventer, Martin Terre Blanche, Eduard Fourie and Puleng Segalo. *Citizen City. Between constructing agent and deconstructed agency*. Captus University Publications, 2007.
Steyerl, Hito e Rodriguez, Encarnación Gutiérrez (eds.). *Spricht die Subalterne deutsch? Migration und postkoloniale kritik*. Münster: Unrast Verlag, 2003.
Tizard, Barbara e Phoenix, Ann. *Black, white or mixed "race"? "Race" and racism in the lives of people of mixed parentage*. London: Routledge, 1993.
Weiß, Anja. "Rassismus", in Siegfried Grubitzsch e Klaus Weber (Hg.). *Psychologische Grundbegriffe. Ein Handbuch*. Hamburg: rowohlts enzyklopädie, 1998.
West, Cornel. "The New Cultural Politics of Difference", in John Rajchman (ed.). *The Identity in Question*. London: Routledge, 1995.
Young, Lola. "Mission Persons: Fantasising Black Women in Black Skin, White Masks", in Alan Read (ed.). *The Fact of Blackness. Frantz Fanon Visual Representation*. London: Bay Press, 1996, pp. 86-101.

van der Kolk, Bessel e van der Hart, Onno. The Intrusive Past: The Flexibility of Memory and the Engraving of Trauma, *American Imago*, 48.4, Winter 1991, pp. 425-54.

Das referências listadas acima, os seguintes títulos já foram publicados no Brasil:

Fanon, Frantz. *Pele negra, máscaras brancas*. Trad. Renato da Silveira. Salvador: EdUFBA, 2008.
Freud, Sigmund. *O Eu e o Id, "autobiografia" e outros textos*. Trad. Paulo Cesar de Souza. São Paulo: Companhia das Letras, 2011.
hooks, bell. *Ensinando a transgredir – A educação como prática de liberdade*. Trad. Marcelo Brandão Cipolla. São Paulo: WMF Martins Fontes, 2017.
_____. *Olhares negros – Raça e representação*. Trad. Stephanie Borges. São Paulo: Editora Elefante, 2019.
Laplanche, Jean e Pontalis, Jean-Bertrand. *Vocabulário de psicanálise*. Trad. Pedro Tamen. São Paulo: Martins Fontes, 2014.
Spivak, Gayatri Chakravarty. *Pode o subalterno falar?*. Trad. Sandra Regina Goulart Almeida, Marcos Pereira Feitosa, André Pereira Feitosa. Belo Horizonte: Editora UFMG, 2010.

EDITORA-CHEFE
Isabel Diegues

TRADUÇÃO
Jess Oliveira

PRODUÇÃO EDITORIAL
Natalie Lima

GERENTE DE PRODUÇÃO
Melina Bial

REVISÃO TÉCNICA
Julia Correia

REVISÃO FINAL
Eduardo Carneiro

CAPA
Rara Dias
Paula Delecave

FOTO DE CAPA
Zé de Paiva

DIAGRAMAÇÃO
Mari Taboada

IMAGENS
p. 24, detalhe de plano de um navio negreiro (1789, gravura em metal)
p. 35, *Castigo de escravo*, de Jacques Étienne Arago (1839, desenho)

© Unrast Verlag, 2008
© Editora de Livros Cobogó, 2019

CIP-BRASIL. CATALOGAÇÃO NA PUBLICAÇÃO
SINDICATO NACIONAL DOS EDITORES DE LIVROS, RJ

K61m

Kilomba, Grada, 1968 - Memórias da plantação -Episódios de racismo cotidiano / Grada Kilomba ; tradução Jess Oliveira. - 1. ed. - Rio de Janeiro : Cobogó, 2019.
248 p. : il. ; 21 cm.

Tradução de: Plantation memories
Inclui bibliografia
ISBN 978-85-5591-080-7

1. Racismo - Aspectos sociais. 2. Relações raciais. I. Oliveira, Jess. II. Título.

19-57450   CDD: 305.8
            CDU:316.482.5

Meri Gleice Rodrigues de Souza - Bibliotecária CRB-7/6439

Nesta edição, foi respeitado o Acordo Ortográfico da Língua Portuguesa de 1990, que entrou em vigor no Brasil em 2009.

Todos os direitos desta publicação reservados à
Editora de Livros Cobogó
Rua Gen. Dionísio, 53, Humaitá
Rio de Janeiro – RJ – 22271-050
www.cobogo.com.br

2021

5ª reimpressão

Este livro foi composto em Chaparral Pro.
Impresso pela Ipsis Gráfica e Editora sobre papel Pólen 70g/m².